Henrik Ibsen

Terje Vigen

Norsk • Deutsch • English

Published by KOH LTD

TERJE VIGEN – HENRIK IBSEN
German translation: Odd Jensen
English translation: John Northam
Rewriting of Terje Vigen: Kjell-Ole Haune
Chief Editor: Randi-Margrethe Haune
Subeditors: Kjell-Ole Haune and Jon Løvaas
Design: KOH Ltd and Løvaas Design
Additional text: Kjell-Ole Haune
German translation of additional text: Renate Backe
English translation of additional text: Kjell-Ole Haune, Andrew Bain and Mary Miller
Paintings printed by kind permission of the artists
Illustrations: Christian Krohg, Helene Knoop, Pål Gulsrud and Jon Løvaas
Photos of paintings: C.F. Wesenberg and Kolonihaven Studio
Additional photos: Randi-Margrethe Haune, Jon Løvaas and Bjørnar Fjeldvær
Adaption of photos and portraits: Frøydis Geithus
Map design: KOH Ltd.
Paper: Multiart Silk, 150 gr.
Printed by Valdres Trykkeri AS, Norway.

ISBN-10: 0-9552306-0-8
ISBN-13: 978-0-9552306-0-8
Published by KOH Ltd

First edition published by KOH Ltd, January 2006.
Printed in 3 000 copies

For more information about Terje Vigen, visit:
www.terjevigen.com

Distributor: Vigmostad Bjørke – Fagbokforlaget
P.O. Box 6050 Postterminalen
5892 Bergen
vigmostadbjorke@vigmostadbjorke.no

Innhold

Inhalt

Contents

Forord

Komponist Kjell-Ole Haune, har fortalt at han vart fascinert av diktet *Terje Vigen* alt då han som 8-åring høyrde det lese av farmora. Det er ei erfaring han deler med svært mange nordmenn, deriblandt Randi-Margrethe Haune, som har vore initiativtakar til denne boka. Vi har alle høyrt diktet lese opp av besteforeldre, foreldre, tanter eller onklar. Og det gjorde inntrykk. Her var det naud, heroisme, overmot og forsoning, alt i ei balansert blanding som gjer hovudpersonen *Terje Vigen* til ein både sterk og varm helt.

Ein del dikt har den gode ballast av høg kvalitet, det folkelege, det nøkterne og patos, som gjer at dei vert hugsa og sitert. *Terje Vigen* var derfor å finna i mange generasjonar av lesebøker av folkeskulen. Mange var dei som måtte læra diktet utenat i skulen, ein arkaisk metode for læring kan henda, men likevel ein ressurs å ausa av for dei som vart utsette for denne typen pedagogikk.

Terje Vigen er ein helt frå napoleonskrigane si tid, som våga mykje for å skaffa livsgrunnlag for sine eigne. Helten er som meisla ut av norsk individualisme, demokrati og handlekraft, men også av nøysemd og resignasjon.

Myten, eller legenda, om *Terje Vigen* har materialisert seg ved grava ved Fjære kyrkje. Ved den årlege opplesinga av diktet på ei øy utanfor Grimstad kan ein sjå landskapsformer som er teikna i diktet. Henrik Ibsen, som kjende Grimstad og omgjevnadene i detalj, har skapt ei nøyaktig og truverdig ramme rundt kvardagshelten sin.

Terje Vigen på norsk, engelsk og tysk, med ny musikk og omfattande nye og eldre illustrasjonar, er ei storhending. Eg vonar boka og musikken finn sitt publikum og at det kan føra til at historia om *Terje Vigen* vart halden levande for nye takksame generasjonar.

Valgerd Svarstad Haugland
Kultur- og kyrkjeminister

Vorwort

Komponist Kjell-Ole Haune hat erzählt daß er als 8jähriger von dem Gedicht *Terje Vigen* fasziniert wurde, als seine Großmutter ihm dieses vorlas. Eine Erfahrung die er mit vielen Norwegern teilt, unter anderem auch Inititativenehmerin dieses Buches, Randi-Margrethe Haune. Wir allen haben unsere Großeltern, Eltern, Tanten und Onkels das Gedicht lesen hören und uns beeindrucken lassen. Hier war Not, Heldtentum, Übermut und Versöhnung, alles in balancierter Mischung, die die Hauptperson *Terje Vigen* zu einem starken und warmen Held macht.

Einige Gedichte haben den guten Ballast von hoher Qualität, Volkstümlichkeit, Nüchternheit und Pathos , daß es sich lohnt diese zu behalten und zu zitieren. Das Gedicht *Terje Vigen* war deshalb vorhanden in Generationen von Lesebüchern der Volksschulen und damit der wichtigste meinungsbildener Ursprung neben der Bibel und dem Katechismus. Viele mußten das Gedicht auswendig lernen, eine altmodische Methode, aber doch eine Ressource zum Schöpfen für die, die diese Methode gelernt haben.

Terje Vigen war ein Held aus der Zeit des Napoleon Krieges, der viel wagte um eine Lebendsgrundlage für die Seinen zu schaffen. Ein Held gemeißelt von norwegischem Individualismus, Demokratie und Tatkraft aber auch von Nüchternheit und Resignation .

Die Mythe oder Legende von *Terje Vigen* ist materialisiert im Grab bei Fjære Kirche. Bei der jährlichen Vorlesung des Gedichtes, auf einer Insel außerhalb Grimstad, kann man Landschaftsformen sehen die im Gedicht beschrieben sind. Henrik Ibsen, der Grimstad und Umgebung ausführlich kannte, hat damit einen genauen und glaubwürdigen Rahmen um seinen Alltagsheld geschaffen.

Terje Vigen auf norwegisch, englisch und deutsch mit neuer Musik und umfaßende neue und ältere Illustrationen ist ein großes Ereignis. Ich wünsche daß dieses Buch und die Musik sein Publikum findet und dazu führt daß die Geschichte von *Terje Vigen* weiterlebt für neue dankbare Generationen.

Valgerd Svarstad Haugland
Kultur und Kirchenminister, Norwegen

Foreword

Composer Kjell-Ole Haune was captivated by the poem Henrik Ibsen wrote about *Terje Vigen* when, as an 8 year old, his grandmother first read it to him. His fascination with the poem is shared by many Norwegians, among them Randi-Margrethe Haune, the initiator of this book. The memory of having *Terje Vigen* read aloud to us by our grandparents, parents, aunts or uncles touches many. Here was a story of misery, heroism, courage and forgiveness, all blended beautifully together in a captivating and dramatic story of *Terje Vigen*.

Only a few poems have such high poetic quality, as well as a story powerful and yet fascinating enough to make them memorable. *Terje Vigen* has such quality, and is the reason why several generations of Norwegians remember reading and learning this poem at school. Some may even have been "forced" to memorize verses or even the whole poem! Many of us would have considered this a waste of time, but we are now proud and delighted by this mark of intellectual endeavour.

Terje Vigen, a hero from the time of the Napoleonic wars, was willing to sacrifice everything to save his family from starvation. The heroic character is carved from what may be portrayed as the spirit of strong minded Norwegian individualism and the passion for democracy, masterly blended with reasoning and resignation.

The legend of *Terje Vigen* has been strengthened by the fact that an actual grave stone bearing the same name can be found in the churchyard at Fjære in Norway. Every year, the poem is read out to an audience, which gathers on a small island outside Grimstad, where *Terje Vigen* supposedly lived. Henrik Ibsen knew Grimstad very well, and many of the geographical references in the poem can still be seen and recognized. This creates realistic and accurate surroundings for the character of *Terje Vigen*.

Terje Vigen presented in Norwegian, English and German, with new music and new illustrations, is a milestone achievement. I believe this book and the music will find its audience and will help keep the story of *Terje Vigen* alive for new and grateful generations to come.

Valgerd Svarstad Haugland

Valgerd Svarstad Haugland
Minister of Cultural and Church Affairs, Norway

Introduksjon

Terje Vigen

Terje Vigen er en fortelling om en heltemodig manns liv, fortalt til oss gjennom 43 vers på rim. Historien utspiller seg under Napoleon-krigenes herjinger i Europa, i årene rundt 1809. Norge var på denne tid i union med Danmark, som ble trukket inn i krigen på Napoleons side. Napoleons forsøk på å isolere England med en handelsblokade, førte til at engelskmennene svarte med samme mynt. Engelske krigsskip blokkerte skipstrafikken rundt Skagerrak og Kattegat, noe som særlig rammet kyst-befolkningen i Sør-Norge hardt, da korn importen fra Danmark var en essensiell del av deres livsgrunnlag.

Einleitung

Terje Vigen*

Terje Vigen ist eine Erzählung aus dem Leben eines mutigen Mannes, geschrieben in 43 reimende Versen. Die Geschichte spielt sich ab unter den Verwüstungen des Napoleon Krieges in Europa in den Jahren um 1809. Norwegen war zu der Zeit in der Union mit Dänemark und wurde dadurch in den Krieg auf der Seite Napoleons eingezogen. Napoleons Versuche England mit einer Handels-blockade zu isolieren führte dazu daß die Engländer auf gleiche Art und Weise antworteten. Englische Kriegsschiffe blockierten den Schiffsverkehr im Skagerak und Kattegatt, was besonders die Küstbevölkerung von Südnorwegen traf, da der Getreideimport aus Dänemark ein wichtiger Teil der Lebens-grundlage war.

* Terje Vigen wird auf deutsch Terje Wigen ausgesprochen.

Introduction

Terje Vigen

Terje Vigen is the story of the life of a courageous man, told to us through 43 rhyming verses. The story is set during the years surrounding 1809, when the Napoleonic wars were raging in Europe. At this time, Norway was ruled by Denmark, who unfortunately was fighting on Napoleon's side. Napoleon attempted to isolate England with a trade blockade at sea and England retaliated. English warships were soon blockading all merchant ships and transport between Norway and Denmark. This made life very hard, especially for the people living along the coast of southern Norway, where the import of barley was an essential part of their food supply.

Kjell-Ole Haune

Randi-Margrethe Haune

Realitet eller fantasi ?

Historiske kilder kan bekrefte at flere nordmenn, langs kysten av Sør-Norge under denne vanskelige tiden, gjorde tapre forsøk i ofte skjøre farkoster, for å komme seg til Danmark for å få tak i korn til sin familie. Noen lyktes i sine forsøk, mens andre havnet i fangenskap i England. Det eksisterer også dokumentasjon som kan bekrefte at det på denne tiden faktisk levde en person ved navn *Terje Vigen* i det området som Ibsen omtaler i diktet. En grav som bærer navnet *Terje Vigen* står fremdeles ved Fjære kirke, som er et av stedsnavnene som nevnes i siste vers. Hvor vidt Ibsen forteller den sanne historien til denne navngitte personen, eller om han har latt seg inspirere av de mange historier og sagn som har vandret på folkemunne, er vanskelig å få en konkret klarhet i. Uansett om beretningen skulle være sann eller ikke, har Ibsen med dette diktet, gjort at *Terje Vigen* med sin historie, fremstår som et historisk ikon på vegne av de mange menn og familier som var offer for omstendighetene, i denne epoken av Norges historie.

Ved å innlemme geografiske referansepunkter i diktet, og med korrekte historiske rammer ivaretatt, gir Ibsen en solid og realistisk fremstilling av historien om *Terje Vigen*. Kanskje er det nettopp uvissheten om hvem *Terje Vigen* egentlig var, blandet med muligheten for at historien kan ha utspilt seg slik Ibsen fremstiller den, det som bidrar til å gjøre denne beretningen så gripende og interessant.

Man antar at Ibsen skrev *Terje Vigen* rundt 1861 og at diktet på mange måter også gjenspeiler dikterens egne tanker å følelser, som kan knyttets opp mot den vanskelige tiden som Ibsen selv gjennomlevde i Christiania i årene rundt 1860.

Realität oder Phantasie?

Geschichtliche Quellen bestätigen daß mehrere Norweger entlang der Küste von Südnorwegen während dieser Zeit tapfere Vesuche machten in oftmals morschen (zerbrechlichen) Fahrzeugen (Boote) nach Dänemark zu kommen um Getreide für die Familie zu holen. Einigen gelangen die Versuche, andere kamen in englische Gefangenschaft. Es existieren Dokumente die beweisen, daß zu der Zeit tatsächlich eine Person mit dem Namen *Terje Vigen*, in dem von Henrik Ibsen beschriebenden Gebiet, gelebt hat. Ein Grab mit dem Namen *Terje Vigen* steht immer noch bei Fjære Kirche, ein Ortsname, der im letzten Vers erwähnt wird. Wie weit Ibsen die wahre Geschichte dieser Person erzählt, oder sich von den vielen Geschichten und Sagen die von Mund zu Mund wanderten, inspirieren ließ ist schwer zu sagen. Ungeachtet ob die Erzählung wahr ist oder nicht hat Henrik Ibsen mit seinem Gedicht dazu beigetragen daß *Terje Vigen* mit seiner Geschichte als historisches Ikon hervortritt für alle Männer und Familien die Opfer der Umstände in dieser Epoche Norwegens wurden.

Mit dem Einverleiben geographischer Referenzpunkte im Gedicht, und wahrgenommenen historischen Rahmen, gibt Henrik Ibsen eine realistische Darstellung der Geschichte von *Terje Vigen*. Vielleicht ist es diese Ungewissheit wer *Terje Vigen* eigentlich war, gemischt mit der Möglichkeit daß sich die Geschichte wie Ibsen sie darstellt ausgespielt hat, die dazu beigetragen hat diese Erzählung so greifend und interessant zu machen.

Man nimmt an daß Ibsen *Terje Vigen* um 1861 geschrieben hat und das Gedicht in Art und Weise die eigenen Gedanken und Gefühle des Dichters wiederspiegelt und auf die schwierigen Zeiten, die Ibsen selbt in Christiania in den Jahren um 1860 durchlebte, hinweist.

Reality or fantasy?

Historical documents can confirm that many courageous men living along the coast of southern Norway during these difficult times, braced themselves and attempted to row across the open sea to Denmark, hoping to return with a valuable food supply for their starving families. Some of them actually did succeed in their heroic attempts, while others were captured and imprisoned in England. Documentation can also confirm that there once lived a man with the name of *Terje Vigen* on these shores, as Ibsen describes in his poem. A grave stone bearing the name of *Terje Vigen* can still be found in the churchyard at Fjære, one of the places Ibsen refers to in his poem. We do not know for sure whether Ibsen is telling the true story of this man's life, or if he was influenced by the many tales and myths that existed at that time. Whether true or false, what is important is that by creating this epic poem, Ibsen has made *Terje Vigen* into a historical icon, immortalizing the many brave men and families who suffered during this dark chapter in Norway's history.

By including actual geographical references in the poem, and with the correct historical framework as the basis for his story, Ibsen paints a realistic and convincing picture of *Terje Vigen* and his life. The uncertainty of whether the story is fact or fiction only makes this gripping epic poem far more intriguing.

We assume that Ibsen wrote *Terje Vigen* some time around 1861, and that the poem in many ways echoes Ibsen's own thoughts and feelings that troubled him while living in Christiania (Oslo) in the 1860s.

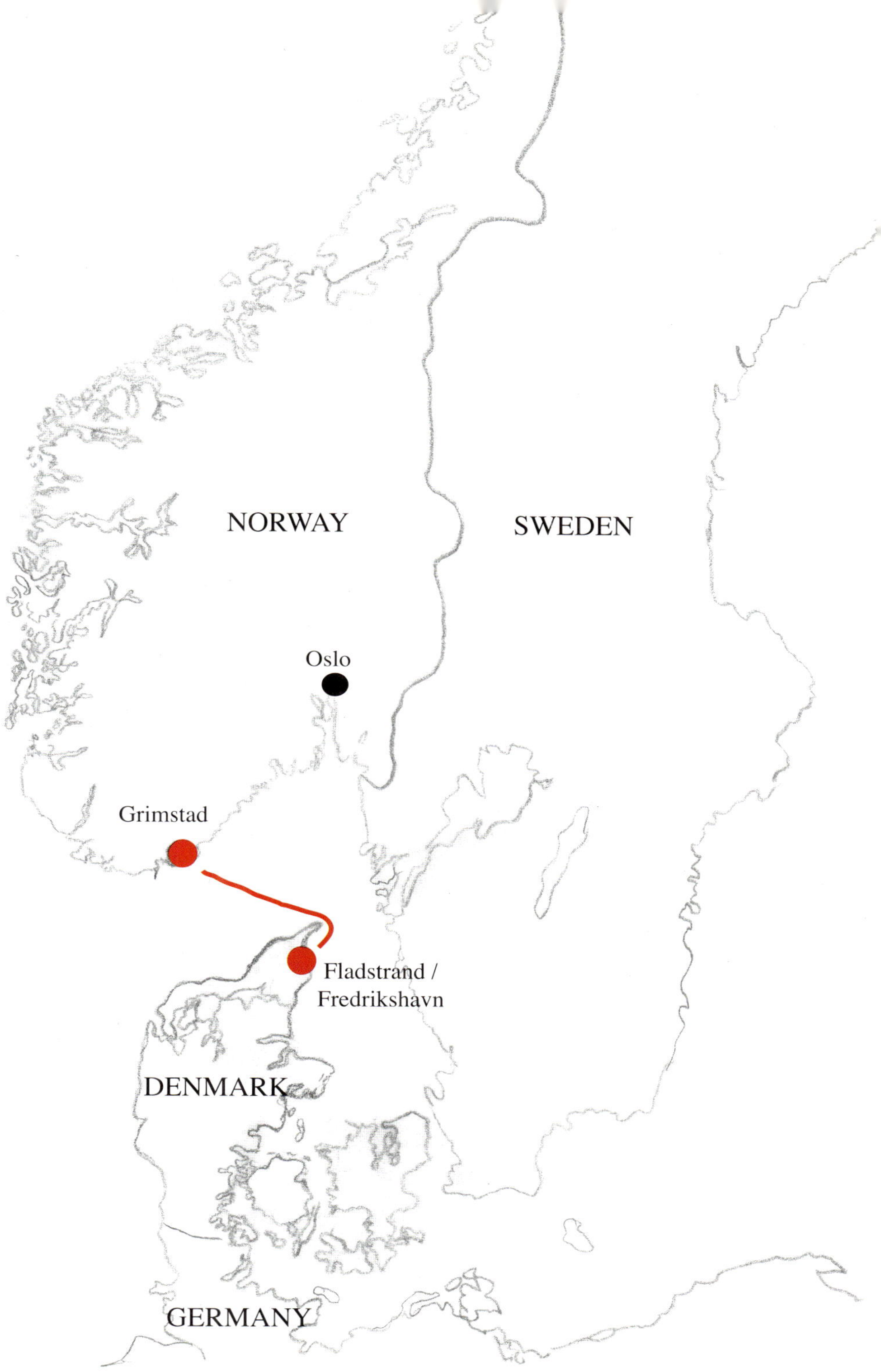

Henrik Ibsen

Henrik Johan Ibsen ble født i Skien 20. Mars 1828 og døde i Christiania (Oslo) 23. Mai 1906. Hans mange dramaer har gjennom tidene blitt publisert og fremført i en rekke land, noe som gjør at Ibsen fremstår som en av de mest fremførte dramatikere i verden.

Tematikken og de menneskelige verdiene som Ibsen så ofte lar være grunnpilaren i sine verk, gjør at selv om språkformen kan synes noe gammeldags, fremstår allikevel flere av stykkene med en sterk og dagsaktuell appell. Ofte er det enkeltmenneskets indre utvikling og kamp mot et psykisk fangenskap som blir en fellesnevner for flere av Ibsens rollefigurer. Personene er ofte et offer for utenforliggende omstendigheter, og blir som et resultat av dette, tynget ned av en tragisk skjebne. Ibsen lar flere ganger sine rollefigurer nesten gå til grunne, før han bygger historien opp mot det som fremstår som "oppgjørets time". Her er det vi blir tilskuere til "balansekunstneren" Ibsen og hvordan han mesterlig lar den tragiske skjebnen bli brakt i en rettferdiggjort balanse med seg selv og omgivelsene. Og selv om gevinsten aldri er av samme sort som det forsagte eller tapte, har rollefiguren gjennom personlig vekst og riktig handling oppnådd en høyere form for menneskeverd og selvrespekt, men med ydmykhet og selvkritikk som bærende fundamenter.

Henrik Ibsen

Henrik Johan Ibsen wurde in Skien am 20. März 1828 geboren und starb in Christiania (Oslo) am 23.Mai 1906. Seine viele Dramen wurden über die Zeit in vielen Ländern vorgeführt und veröffentlicht was zeigt daß Ibsen einer der meist gespielten Dramatiker der Welt ist.

Thema und die menschlichen Werte die sehr oft in Ibsens Werke zum Grunde liegen macht die Sprachformen altmodisch aber einzelne Stücke treten doch mit einem starken und tagesaktuellen Appell hervor. Oft ist die innere Entwicklung und der Kampf des Menschen gegen psychische Gefangenschaft der gemeinschaftliche Nenner in Ibsens Rollenfiguren. Die Personen sind oft Opfer der außerstehenden Umstände und werden erdrückt von einem tragischen Schicksal. Ibsen läßt mehrere Male seine Rollenfirguren fast zu Grunde gehen bevor er seine Geschichte zur Darstellung der "Abrechnungsstunde" bringt. Hier sind wir Zuschauer des Balancekünstners Ibsen wie er meisterlich die tragischen Schicksale wieder in rechtfertigem Gleichgewicht mit sich und seiner Umgebung bringt. Selbst ob der Gewinn nie von gleicher Art wie das Verzagte oder Verlorenes ist, hat die Rollenfigur durch persönlichem Wachstum (Wuchs) und richtigem Handeln eine höhere Form von Menschenwert und Selbstrespekt erworben, aber mit Demut und Selbstkritik als tragende Grundlage.

Henrik Ibsen

Henrik Johan Ibsen was born in Skien on 20 March 1828, and died in Christiania (Oslo) on 23 May 1906. Many of his plays have been published and performed in countries all over the world since then, which makes Ibsen one of the most celebrated poets and dramatists of all time.

The topics he addresses, together with the strong focus he always has on portraying the inner values and the psychological development of his characters, make his works as important and interesting today as they were when he wrote them. Although the language in many of his works may seem somewhat old fashioned, the characters and the stories still represent values of current importance. It is often an individual's inner development and battle against mental turmoil that creates the platform for Ibsen's characters. The individual is often a victim of his/her surroundings and unfortunate circumstances which lead to a tragic destiny. Time and time again, Ibsen drives his main characters to breaking point, before he builds up the story towards the resolving turning point and climax. We often witness how he brings his saddened and heavy burdened characters to a balanced peace and respect, both for themselves and their environment. Through personal growth and truthful action, these characters attain far more human dignity and humility, though with little or no tangible reward.

Bronze statue of Henrik Ibsen, Stephan Sinding, 1899

Hvorfor Terje Vigen?

Tematikken i *Terje Vigen* og de verdier som historien representerer fremstår ikke bare som en heltemodig fortelling som engang kan ha utspilt seg på 1800-tallet, men den representerer følelser og verdier som er like aktuelle for nåtidens mennesker og samfunn. Diktet inneholder alle de elementer som Ibsen ofte gir til kjenne i sine dramatiske verk, men fremstår kanskje med en enda mer heroisk fremstilling av hovedpersonen da diktet bæres frem av fysisk anstrengelse og mot, som i seg selv er av en beundringsverdig karakter. Det som kanskje fremstår som det viktigste budskapet i diktet, er hvordan *Terje Vigen* oppnår en fred og forsoning i seg selv ved å la hat og hevnlyst resultere i tilgivelse. Diktets dagsaktuelle appell og tidløse verdier, dannet grunnlaget for hvorfor vi ønsket å nypublisere *Terje Vigen*.

Warum Terje Vigen?

Das Thema in *Terje Vigen* und die Werte die diese Geschichte repräsentiert ist nicht nur eine heldenmutige Erzählung die sich um 1800 abgespielt hat, sondern repräsentiert Gefühle und Werte die genauso aktuell für die heutigen Menschen und Gesellschaft sind. Das Gedicht enthält alle Elemente die oft Ibsens dramatische Werke kennzeichnen aber zeigt eine noch mehr heroische Darstellung der Hauptperson da das Gedicht von physischer Anstrengung und Mut getragen wird, was in sich selbst bewundernswert ist. Was doch als wichtigste Botschaft des Gedichtes steht, ist wie *Terje Vigen* Frieden und Versöhnung mit sicht selbt erreicht dadurch daß Haß und Rachsucht in eine Vergebung resultiert. Der tagesaktuelle Apell und zeitlose Wert des Gedichtes bildet den Grund weshalb wir wünschen *Terje Vigen* neu herauszugeben.

Why Terje Vigen?

The story of *Terje Vigen* is not just an epic tale from the 1800s, but portrays and reflects values which are as important today as when it was first written. The poem contains many elements that Ibsen is known to use as a framework for many of his plays. It may be argued that *Terje Vigen* is an even more significant heroic character than those in Ibsen's plays, as the heroic deeds made by *Terje* are so impressive and admirable. What may stand out as the most significant of all the values addressed in the poem is how *Terje* finds peace of mind by letting hatred and vengeance resolve in forgiveness. The poem's timeless appeal and important values are the keystone for the creation of this book.

Fornorsking av teksten

Terje Vigen ble første gang trykket den 23. februar 1862 i et blad som het "Ilustreret Nyhetsblad". Diktet ble senere trykket i bokform i 1871 der den "nordiske rettskrivningen" av 1869 ble benyttet. Det er i denne språkformen at diktet er blitt gjengitt og trykket av ulike forlag frem til i dag. For dagens nordmenn fremstår dette skriftspråket som mer dansk enn norsk, og kan virke både tungt å lese og vanskelig å forstå for mange. Da vi nå står ovenfor en ny lansering av diktet har vi valgt å bearbeide teksten slik at det fremstår med en mer norsk språkdrakt i tråd med slik vi i dag kjenner norsk skrivemåte. Det er med stor respekt for diktets originale rim og ordlyd at dette arbeid er blitt utført. For ikke å ødelegge enkelte rim, ordspill og ordbruk, slik de fremgår av originalteksten, har de fleste gamle ord blitt beholdt, men gitt en nyere skrivemåte, slik at leseren med større enkelhet enn tidligere, skal kunne oppleve historien og detaljene i teksten.

Norwegisieren des Textes

Terje Vigen wurde zum ersten Mal am 23. Februar 1862 in der Zeitschrift "Illustreret Nyhedsblad" gedruckt. Das Gedicht wurde1871 als Buch gedruckt wo die "nordische Rechtschreibung" von 1869 benutzt wurde. In dieser Sprachform ist das Gedicht bis heute von verschiedenen Verlagen gedruckt worden. Für die heutigen Norweger ist diese Sprachform mehr dänisch als norwegisch und kan oft von vielen schwer zu lesen und verstanden werden. Da wir nun vor einer Neuausgabe des Gedichtes stehen wählen wir den Text so zu bearbeiten, daß die Sprachform der heutigen norwegischen Schreibweise angepaßt wird. Diese Arbeit wurde mit großem Respekt des originalen Reimes und Wolautes ausgeführt. Um nicht die einzelnen Reime, Wortspiele und Wortgebrauch, wie sie im Originaltext stehen, zu zerstören sind die meisten alten Wörter beibehalten worden aber in neuerer Schreibweise so daß der Leser einfacher die Geschichte und Einzelheiten des Textes erlebt.

Rewriting Terje Vigen into modern Norwegian

Terje Vigen was first printed on 23 February 1862 in the periodical "Illustreret Nyhetsblad" (Illustrated Newsletter). The poem was later printed in book form in 1871, where the grammar and spelling of 1869 was used. It is in this form that the poem has been presented in later publications. For Norwegians today, this language is more like reading Danish than Norwegian, making it hard to understand as well as to read. As this book has given us an opportunity to republish the poem, we have chosen to rewrite *Terje Vigen* into current Norwegian, in an attempt to make it more accessible. It is with great respect for Ibsen's original version that this work has been carried out. To avoid changing the rhymes and verbal harmony, we decided to retain many of the old fashioned words as they are in the original text. Changes have, however, been made to the spelling of some of these words. Our aim has been to present *Terje Vigen* in a language more familiar to Norwegians today. We hope that this will help new readers to understand the poem better, and enable them to appreciate the details in the text.

Der bode en underlig gråsprængt en
på den yderste, nøgne ø; –
han gjorde visst intet menneske mén
hverken på land eller sjø;
dog stundom gnistred hans øjne stygt, –
helst mod uroligt vejr, –
og da mente folk, at han var forrykt,
og da var der få, som uden frygt
kom Terje Vigen nær.

Original version

Der bodde en underlig gråsprengt en
på den ytterste nøgne ø; –
han gjorde vist intet menneske mén
verken på land eller sjø;
dog stundom gnistret hans øyne stygt, –
helst mot urolig vær, –
og da mente folk, at han var forrykt,
og da var der få, som uten frykt
kom Terje Vigen nær.

New version

Norsk, Tysk og Engelsk

Det er første gang at *Terje Vigen* fremstår på tre språk i en og samme bok. Den engelske oversettelsen er av John Northam, og den tyske av Odd Jensen. John Northam var professor ved Cambridge University i England, og er viden anerkjent og respektert for sine oversettelser av flere av Ibsens dramatiske verk. Odd Jensen er fra Norge, og studerte i flere år i Tyskland. Hans egen stamtavle kan føres tilbake til de mange modige menn som på *Terje Vigens* tid rodde til Danmark. Det er med stor egeninteresse både for Ibsen og det tyske språk at Odd Jensen i flere år jobbet med oversettelsen av *Terje Vigen* til tysk, for at også dette verket av Ibsen skulle kunne oppleves av et tysktalende publikum.

Det unike med begge oversettelsene er hvor tro de er mot diktets originale rim og rytmiske struktur, samtidig som de ivaretar Ibsens og diktets karakteristiske språkdrakt. Vi håper at en presentasjon av oversettelsene i en og samme bok, kan bidra til en økt forståelsen av diktet og samtidig inspirere til et studie for hvert av språkenes uttrykksform og ordvalg.

Vi ønsker å rette en stor takk til oversetterne og deres respektive familier for at de har gitt oss muligheten til å inkludere oversettelsene i denne boken.

Norwegisch, Deutsch und Englisch

Es ist das erste Mal, daß *Terje Vigen* in drei Sprachen in einem Buch dargestellt wird. Die englische Übersetzung ist von John Northam und die deutsche von Odd Jensen. John Northam war Professor der Universität in Cambridge und weit und breit anerkannt und respektiert für seine Übersetzungen von Ibsens dramatischen Werke. Odd Jensen ist aus Norwegen und hat mehrere Jahre in Deutschland studiert. Seine eigene Stammtafel führt zurück auf viele mutige Männer die zu *Terje Vigens* Zeit nach Dänemark ruderten. Es ist von großer Interesse sowohl für Ibsen als auch für die deutsche Sprache daß Odd Jensen in mehreren Jahren mit der Übersetzung von *Terje Vigen* ins deutsch gearbeitet hat, damit auch dieses Werk von Ibsen vom deutschsprechenden Publikum erlebt werden kann.

Das ungewöhnliche mit beiden Übersetzungen ist die Treue zum originalen Reim und rhytmischer Struktur und gleichzeitig Obacht gegeben auf die charakteristische Sprachform. Wir hoffen daß eine Präsentation der Übersetzungen in einem Buch dazu beiträgt daß das Verständnis des Gedichtes vergrößert und zu einem Studium der sprachlichen Ausdrucksform und Wortwahl inspiriert.

Wir möchten einen großen Dank an die Übersetzer und deren Familien überbringen weil sie uns die Möglichkeit gegeben haben die Übersetzungen in dieses Buch einzuschliessen.

Norwegian, German and English

This publication is the first in which *Terje Vigen* can be found printed in three languages in the same book. The English translation is by the late John Northam, the German translation by Odd Jensen. John Northam was a professor at Cambridge University in England, and has achieved recognition for translating many of Ibsen's plays and works. Odd Jensen was from Norway and spent several years in Germany as a student. Studies of his own family tree proved that he was related to some of the brave men who, during the time of *Terje Vigen*, actually did row to Denmark. It was with great self interest for the story, as well as his fascination with the German language, that Odd Jensen invested much time and effort into translating this poem, making yet another work by Ibsen accessible to the German speaking public.

It is admirable how true both these translations are to the rhyme, rhythmic structure and style of language that can be found in Ibsen's original version. We hope that this presentation of *Terje Vigen* in three languages can contribute to an increased understanding and appreciation of the poem, and at the same time, be an inspiration to study each language's style and choice of words.

We would like to express our gratitude to the translators and to their families for giving us the opportunity to include these translations in this book.

Norsk
Deutsch
English

Nye illustrasjoner

Den folkekjære norske billedkunstneren Christian Krohg, lagde i 1891 flere illustrasjoner til diktet som har blitt publisert en rekke ganger. For å gi *Terje Vigen* et friskt og nytt uttrykk ønsket vi å supplere de kjente illustrasjonene med nye bilder og illustrasjoner skapt av nålevende norske kunstnere. Vi valgte å henvende oss til Helene Knoop, Pål Gulsrud og Jon Løvaas som alle representerer hver sin stil og malerteknikk. Ønsket var å skape nye billedlige uttrykk som kunne representere handlingen og følelsene i diktet uten å komme i konflikt med Christian Krohg sine bilder. Avansert billedbehandling har også gjort det mulig å presentere flere av Christian Krogh sine bilder i større og nye formater enn tidligere. Resultatet er blitt en fargerik og frisk fremstilling av *Terje Vigen*, som vi håper vil virke innbydende og interessant for leseren.

Målsettingen med prosjektet har hele tiden vært å ha fokus på å gjøre Ibsen og *Terje Vigen* interessant og tilgjengelig for nye lesere og nye generasjoner. Med ny musikk og nye visuelle fremstillinger av diktet, håper vi at den dramatiske historien om *Terje Vigen* på nytt vil fange og fascinere lesere i alle aldere.

Kjell-Ole Haune
Komponist & Produsent

Randi-Margrethe Haune
Redaktør & Produsent

Neue Illustrationen

Der volkstümliche norwegische Bildkünstler Christian Krogh hat in 1891 mehrere Illustrationen zum Gedicht angefertig die oftmals veröffentlicht wurden. Um *Terje Vigen* einen frischen und neuen Ausdruck zu geben, wünschten wir die bekannten Illustrationen mit neuen Bildern und Illustrationen mit von jetzt lebenden norwegischen Künstlern zu supplieren (ergänzen). Wir haben uns an Helene Knoop, Pål Gulsrud und Jon Løvaas gewandt, die alle einen eigenen Stil und Malertechnik repräsentieren. Der Wunsch war neue bildliche Ausdrucke, die die Handlung repräsentiert, zu schaffen ohne in Konflikt mit Christian Kroghs Bilder zu kommen. Avancierte Bildbehandlung hat es möglich gemacht mehreren von Christian Krohgs Bildern in größeren und neueren Formaten wiederzugeben. Das Resultat ist eine farbreiche und frische Darstellung von *Terje Vigen* welche wir hoffen einladend und interessant wirkt für die Leser.

Unser Ziel mit diesem Projekt ist die ganze Zeit den Blick für Ibsen und *Terje Vigen* interessant und zugänglich für neue Leser und neue Generationen zu machen. Mit neuer Musik und neuer visueller Darstellung des Gedichtes hoffen wir daß die dramatische Geschichte von *Terje Vigen* Leser in allem Alter aufs Neue fängt und fasziniert.

Kjell-Ole Haune
Komponist & Produzent

Randi-Margrethe Haune
Redakteur & Produzent

New illustrations

In 1891, the revered Norwegian artist Christian Krohg produced some illustrations for *Terje Vigen*, and these have been published with the poem several times. To give *Terje Vigen* a fresh and new visual expression, we decided to include some new paintings and artwork created by Norwegian artists today. We contacted Helene Knoop, Pål Gulsrud and Jon Løvaas whose paintings represent various artistic styles. Our aim was to present new images that could portray the story without conflicting with the original illustrations. Advanced image processing has made it possible to present some of Christian Krohg's illustrations in larger and newer formats than ever presented before. The result is a colourful and fresh presentation of Ibsen's *Terje Vigen* that we hope will be both inviting and interesting for our readers.

The goal of this project has always been to focus on making Ibsen and *Terje Vigen* exciting and accessible to new readers and new generations. With new music and new illustrations, we hope that the dramatic story of *Terje Vigen* will capture and fascinate people of all ages.

Kjell-Ole Haune
Composer & Producer

Randi-Margrethe Haune
Chief Editor & Producer

Henrik Ibsen

Terje Vigen

Norsk • Deutsch • English

Illustrations by:
Christian Krohg
Helene Knoop
Pål Gulsrud
Jon Løvaas

Terje Vigen
Norsk bearbeidelse av Kjell-Ole Haune

1.
Der bodde en underlig gråsprengt en
på den ytterste nøgne ø; –
han gjorde visst intet menneske mén
verken på land eller sjø;
dog stundom gnistret hans øyne stygt, –
helst mot urolig vær, –
og da mente folk, at han var forrykt,
og da var der få, som uten frykt
kom Terje Vigen nær.

2.
Siden jeg så ham en enkelt gang,
han lå ved bryggen med fisk;
hans hår var hvitt, men han lo og sang
og var som en ungdom frisk.
Til pikene hadde han skæmtsomme ord,
han spøkte med byens børn,
han svingte sydvesten og sprang ombord;
så heiste han fokken, og hjem han for
i solskinn, den gamle ørn.

Terje Vigen
Deutsche Nachdichtung von Odd Jensen

1.
Es wohnte ein kauziger, grauer Mann
auf der nackten Insel in Lee.
Er tat keinem Menschen Böses an
weder zu Land' noch auf See.
Doch konnte sein Auge blitzen entrückt;
was bei stürmischen Wetter geschah-
dann meinten die Leute er sei verrückt,
und keinen gab es, der nicht bedrückt
trat Terje Wigen nah.

2.
Einmal ich sah ihn beim Hafengang,
er lag an der Brücke mit Fisch.
Sein Haar war weiß, doch er lachte und sang
und war wie ein Jüngling frisch.
Die Mädchen sprach er belustigt an,
er scherzte mit Kindern klein;
schwang so den Südwester der brave Mann,
hißte die Fock und kreuzte dann
heimwärts im Sonnenschein.

Terje Vigen

English translation by John Northam

1.
There lived a remarkably grizzled man
on the uttermost, barren isle
he never harmed, in the wide world's span,
a soul by deceit or by guile;
his eyes, though, sometimes would blaze and fret
most when a storm was nigh,–
and then people sensed he was troubled yet
and then there were few that felt no threat
with Terje Vigen by.

2.
Distant the day, and that only day
I saw him with fish by the quay;
his hair was white, but he sang as gay
and blithe as a boy may be.
The lasses he used a light banter toward,
he joined in the town-lads' talk,
he waved his sou'wester, and leaped aboard;
then homeward he sailed with the jib set broad
in sunshine, the agèd hawk.

Christian Krohg

...på den ytterste nøgne ø; –

...Auf der nackten Insel in Lee.

...on the uttermost, barren isle

Christian Krohg

3.
Nu skal jeg fortelle, hva jeg har hørt
om Terje fra først til sist,
og skulle det stundom falle litt tørt,
så er det dog sant og visst;
jeg har det just ei fra hans egen munn,
men vel fra hans nærmeste krets, –
fra dem, som stod hos i hans siste stund
og lukket hans øyne til fredens blund,
da han døde høyt opp' i de tress.

3.
Jetzt will ich berichten, was ich gehört
über Terje von Anfang an.
Und klingt es bisweilen etwas verstört
kein Seemannsgarn ich ersann.
Aus Terjes Mund kam es nicht, fürwahr,
doch aus seinem nächsten Kreis.
Sie boten ihm still ihren Beistand dar
und drückten ihm zu seine Augen starr,
als er starb, nahe siebzig, der Greis.

4.
Han var i sin ungdom en vill krabat,
kom tidlig fra far og mor,
og hadde alt døyet mang en dravat
som yngste jungmann ombord.
Siden han rømte i Amsterdam,
men lengtes nok hjem til slutt,
og kom med "Foreningen", kaptein Pram;
men hjemme var ingen som kjente ham,
der reiste som liten gutt.

4.
Er war in der Jugend ein wilder Krabat,
kam früh von Zuhause fort;
ertrug so manche Bedrängnis vom Maat
als jüngster Seemann an Bord.
Späterhin floh er in Amsterdam,
doch Heimweh ihn bald verwies;
ging mit "Foreningen", Kapitän Pram,
doch niemand kannte ihn, als er kam,
der als Junge die Insel verließ.

3.
And now, all I've heard about Terje I'll try
to tell from the first to last,
and if it should sometimes strike you as dry
at least it is truly cast;
it came to me not as a firsthand piece
but from others, his intimates then, –
from those who stood by at his last release
and closed up his eyes in the sleep of peace
when he died at near three-score and ten.

4.
He proved quite a scamp in his early days,
his family soon outgrew,
he learned about hardship's chastening ways
as youngest lad in the crew.
Later, jumped ship once in Amsterdam
but pined, in the end, for home,
and came on the "Union", captain Pram;
but home there was no-one to care a damn,
he'd left it so young to roam.

5.
Nu var han vokst seg smukk og stor,
og var dertil en velkledd knekt.
Men døde var både far og mor,
ja saktens hans hele slekt.
Han sturet en dag, ja kan hende to –
men så rystet han sorgen av.
Han fant ei, med landjorden under seg, ro;
nei, da var det bedre å bygge og bo
på det store bølgende hav!

5.
Groß und adrett stieg er vom Boot,
ein gut gekleideter Knecht.
Vater und Mutter waren längst tot,
wie auch sein ganzes Geschlecht.
Er sorgte sich einen Tag oder zwei,
sagte dann seinem Kummer ade.
Doch auf festem Land schien die Ruhe vorbei;
nein, besser ein schlingerndes Schiff - und frei
auf der weiten, wogenden See!

6.
Ett år deretter var Terje gift, –
det kom nok på i en hast.
Folk mente han angret på den bedrift,
som bandt på et sett ham fast.
Så levde han under sitt eget tak
en vinter i sus og dus –
skjønt rutene skinte, som klareste dag,
med små gardiner og blomster bak,
i det lille rødmalte hus.

6.
Ein Jahr danach war Terje vermählt,
das geschah in ziemlicher Hast.
Es hieß, es hätte ihn wohl gequält,
denn so war er gebunden fast.
Unter eigenem Dach wohnte das Paar
einen Winter in Saus und Braus;
die Fenster glänzten zwar blank und klar
mit kleinen Gardinen und Blumen gar
in dem rotgetünchten Haus.

5.
Now he'd filled out, and he fairly shone
as a chap who would dress with pride.
But father and mother both were gone
and all of his kin beside.
He drooped for a while, but his miseries
were shed in a day or so.
With land underfoot he was never at ease;
no, better by far then to dwell on the seas,
on the mighty ebb and the flow.

6.
The year that followed saw Terje wed, –
the die seemed hastily cast.
Folk thought he repented the thing he'd sped
that suddenly bound him fast.
So under a roof of his own he stayed
one winter in wild carouse –
though clear as daylight the windows displayed
their little curtains and blooms arrayed
in the tiny red-painted house.

7.
Da isen løsnet for lindværs bør,
gikk Terje med briggen på reis;
om høsten, da grågåsen fløy mot sør,
han møtte den underveis.
Da falt som en vekt på matrosens bryst:
han kjente seg sterk og ung,
han kom fra solskinnets lysende kyst,
akter lå verden med liv og lyst, –
og for bougen en vinter tung.

8.
De ankret og kameratene gikk
med landlov til sus og dus.
Han sendte dem ennu et lengselsblikk,
da han stod ved sitt lille hus.
Han glyttet inn bak det hvite gardin, –
da så han i stuen to, –
hans kone satt stille og hesplet lin,
men i vuggen lå, frisk og rød og fin,
en liten pike og lo.

7.
Als das Eis sich löste im Wellensog,
stach die Brigg mit Terje in See.
Im Herbst, als die Graugans entgegenflog,
tat ihr südlicher Kurs ihm weh.
Eine Last fiel auf des Seemanns Brust;
Er war jung, und stark wie das Meer –
doch er kam von sonnigen Küsten just,
achter die Welt mit Spaß und Lust,
vor dem Bug lag ein Winter schwer.

8.
Der Anker fiel, die Besatzung ging
mit Urlaub zu fest und Schmaus.
Sein Blick noch neidisch an ihnen hing,
als er stand vor dem kleinen Haus.
Durch weiße Gardinen er lugte hinein,
sah in der Stube dann Zwei;
Seine Frau saß still und haspelte Lein,
in der Wiege lag frisch und rot und fein
ein lachendes Mädchen dabei!

7.
When thaw-winds ended the ice's drouth
then Terje's brig took to the main;
in autumn, when wild-geese were winging south
he met with their flying skein.
A heaviness fell on the sailor's breast;
he knew himself strong, in bloom,
he came from shores that sunlight blessed,
life lay astern with its fire and zest –
and ahead lay a winter's gloom.

8.
They anchored, and off his crewmen went
with leave for a wild carouse.
He watched them with envy and discontent
while he stood by his silent house.
He stooped to peer through the curtain of white, –
indoors there were two bestowed, –
his wife sat and span in the peaceful light,
but the crib held a rosy, healthy mite,
a baby girl, and it crowed.

Christian Krohg

...da så han i stuen to, –

...sah in der Stube dann Zwei;

...indoors there were two bestowed, –

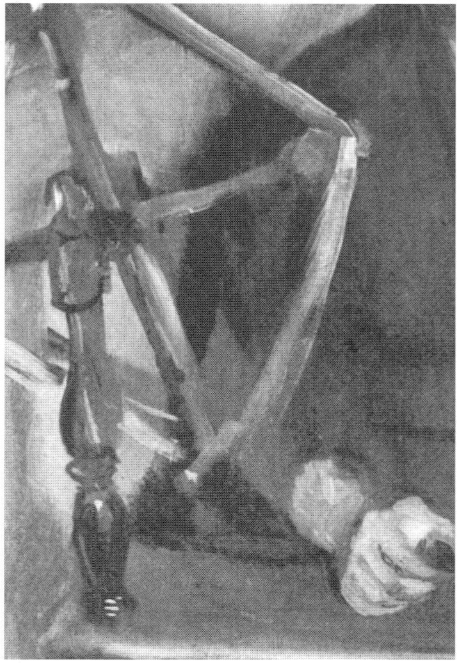

Christian Krohg

9.
Der sagdes, at Terjes sinn med ett
fikk alvor fra denne stund.
Han trellet og slet og ble aldri trett
av at vugge sitt barn i blund.
Om søndagskvelden, når dansen klang
vilt fra den nærmeste gård,
sine gladeste viser hjemme han sang,
mens lille Anna lå på hans fang
og drog i hans brune hår.

10.
Så lakket og led det til krigens år
i attenhundre og ni.
Ennu går sagn om de trengsels-kår,
som folket da stedtes i.
Engelske kryssere stengte hver havn,
i landet var misvekst og nød,
den fattige sultet, den rike led savn,
to kraftige armer var ingen til gavn,
for døren stod sot og død.

9.
Man sagte, daß Terjes Sinn im Nu
bekam einen ernsten Zug.
Er schuftete stets und wiegte zur Ruh'
sein Kind, was die Stunde auch schlug.
Am Sonntagabend, wenn Tanz und Klang
tönten von lustiger Schar,
die fröhlichsten Lieder daheim er sang,
dieweil Klein-Anna lieb an ihm hang
und kraulte sein braunes Haar.

10.
Dann kam ein bitterer Waffengang,
achtzehnhundert und neun es geschah.
Noch lebt die Mär der Küste entlang
von des Volkes Drangsal just da.
Englische Kreutzer lagen in Sicht,
im Lande gab's Mißwuchs und Not.
Den Armen traf Hunger, den Reichen Verzicht –
zwei kräftige Arme taugten jetzt nicht;
es lauerten Siechtum und Tod.

9.
That instant, and Terje's mind, men say,
turned sober upon the spot.
He toiled and he slaved, but at end of day
would be rocking his baby's cot.
On Sunday evenings, when the dance-tunes blare
wild from the nearest-by farm,
he would sing his happiest ditties there
where little Anna tugged his brown hair
and lay in his folding arm.

10.
Life ambled along till the year of war
in eighteen-hundred and nine.
The tale's still told of what people bore,
where want and distress combine.
Cruisers from England blockaded each port,
by land there was dearth far and wide,
the poor people starved, and the wealthy went short,
two powerful arms were no longer support
with death and disease outside.

Christian Krohg

Pål Gulsrud "Familien"

Så lakket og led det til krigens år...

Dann kam ein bitterer Waffengang...

Life ambled along till the year of war...

11.
Da sturet Terje en dag eller to,
så rystet han sorgen av;
Han mintes en kjenning, gammel og tro:
det store bølgende hav. –
Der vester har ennu hans gjerning liv
i sagnet, som djerveste dåd:
"da vinden kulet lidt mindre stiv,
Terje Vigen rodde for barn og viv
over havet i åpen båt!"

12.
Den minste sjekte, der var at få,
blev valgt til hans Skagensfart.
Seil og mast lot han hjemme stå, –
slik tyktes han best bevart.
Han mente nok, Terje, at båten bar,
om sjøen kom litt på tvers;
det jydske rev var vel svært at gå klar, -
men verre den engelske "Man of war"
med ørneøyne fra mers.

11.
Da sorgte sich Terje einen Tag oder zwei,
sagte dann seinem Kummer ade,
Ein alter Getreuer stand ihm ja bei;
die weite, wogende See!
In West man sich darauf gern besinnt,
auf die schneidige Tat um Brot;
‹‹Als Flaute nahte nach steifem Wind,
Terje Vigen setzte für Weib und Kind
übers Meer im offenen Boot!››

12.
Das kleinste Boot, was zu finden war,
er nahm für die Skagen-Fahrt.
Segel und Mast hinterließ er zwar,
so schien er besser bewahrt.
Er meinte, Terje, das Boot käme klar,
wenn bei Dwarswind ein Brecher schlug.
Das jütische Riff bot sicher Gefahr –
doch schlimmer der englishe ‹‹Man of War››
Mit Adleraugen vom Lug.

11.
Then Terje drooped for a day or two
but his miseries quickly go;
he thought of a comrade, ancient and true,
the sea's great ebb and its flow.
Out west men are still by his deeds beguiled,
his daring the legends still quote:
"When winds stopped blustering quite so wild
Terje Vigen roved for his wife and child,
crossed the sea in an open boat!"

12.
The smallest dory there was to hand
he chose for his Skagen trip.
Sail and mast he left home on land, –
such gear he thought best not ship.
He reckoned, did Terje, the boat would steer
though seas ram a bit a-beam;
the Jutland reef was the devil to clear, –
but worse, he'd the English blockade to fear,
its look-out's eagle-eyed gleam.

Pål Gulsrud "Underve

...over havet i åpen båt!”

...Über Meer im offenen Boot!

...crossed the sea in an open boat!”

13.
Så gav han seg trøstig lykken i vold
og tok til årene fast.
Til Fladstrand kom han i god behold
og hentet sin dyre last.
Gud véd, hans føring var ikke stor:
tre tønder bygg, det var alt;
men Terje kom fra en fattig jord, –
nu hadde han livsens frelse ombord;
det var hustru og barn det gjaldt.

14.
Tre netter og dager til toften bandt
den sterke, modige mann;
den fjerde morgen, da solen rant,
han skimtet en tåket rand.
Det var ikke flyktende skyer han så,
det var fjell med tinder og skar;
men høyt over alle åsene lå
Imenæs-sadelen bred og blå.
Da kjente han, hvor han var.

13.
So machte er los, getrost im Sinn
und packte die Riemen mit Macht,
kam wohlbehalten nach Fladstrand hin
und holte die teure Fracht.
Die Fuhre war ein bescheidener Hort;
fünf Zentner Gerste halt.
Doch Terje kam aus ärmlichem Ort;
jetzt hatte er Lebensrettung an Bord,
seinem Weib und Kind es galt.

14.
Drei Tage und Nächte am Riemen rang
der starke, mutige Mann.
Am vierten Morgen bei Sonnenaufgang
er sah das Ersehnte dann.
Es waren nicht fliehende Wolken in Grau,
sondern Berge mit Gipfeln so wahr –
und hoch über allen Hügeln rauh
der Imenaes-Sattel breit und blau,
Nun wußte er, wo er war!

13.
Then trusting to fortune's grace profound
he smartly took on the oars.
At Fladstrand, reaching there safe and sound,
he gathered his precious stores.
God knows his cargo was nothing grand:
three casks of barley, that's all;
but Terje came from a wretched land, –
and here was the staff of life to hand;
and his wife and baby call.

14.
He slaved on the thwart for three nights and days,
that brave and powerful man;
the fourth, at dawn, by sun's first rays,
a blurred, misty line to scan.
It wasn't the skeltering clouds he spied,
it was mountain and summit and brae:
but high above the ridges' pride,
Imenes-Saddle, blue and wide.
He knew then just where he lay.

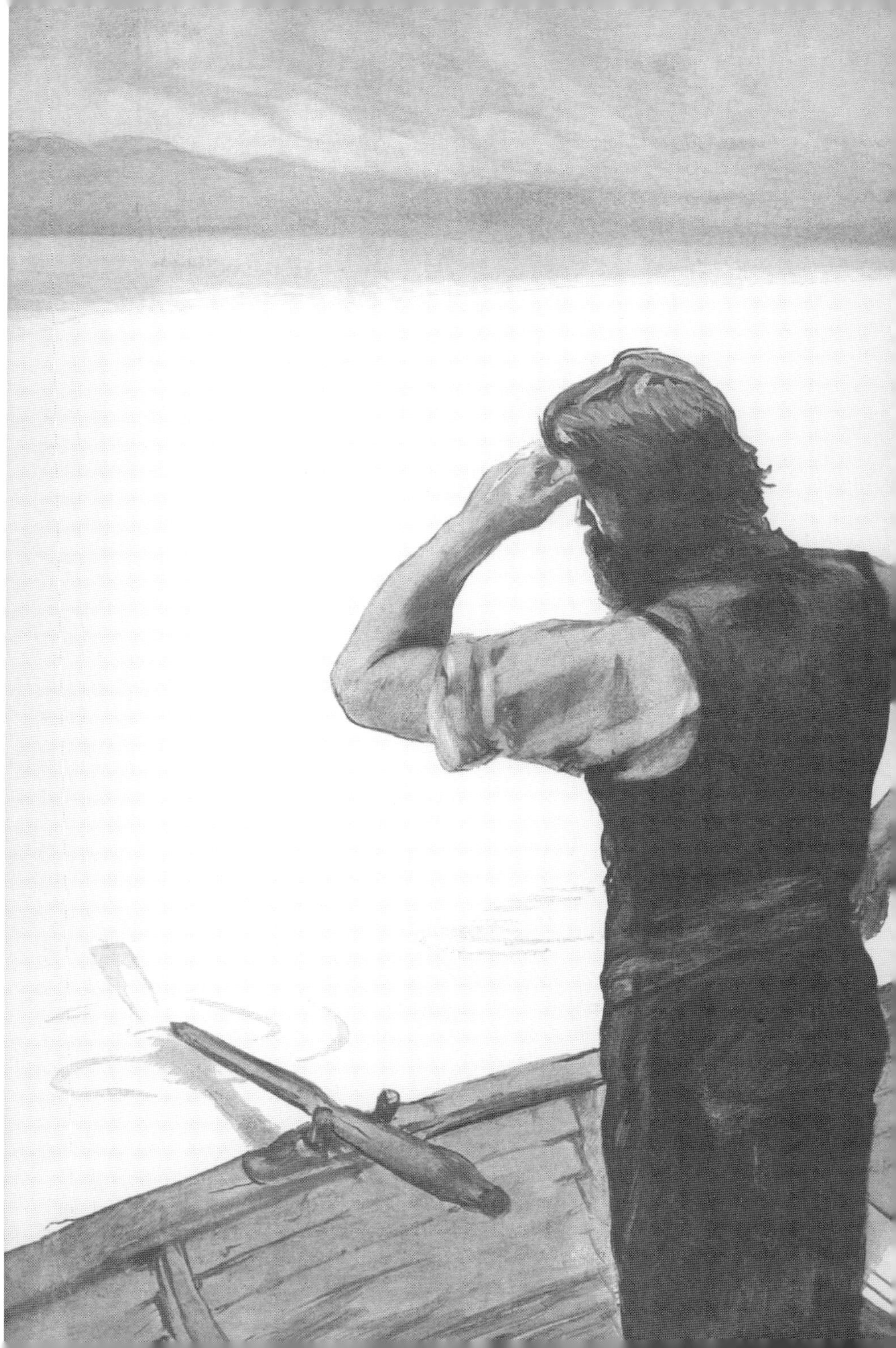

Christian Krohg

15.
Nær hjemmet var han: en stakket tid
han holder ennu vel ut!
Hans hjerte sig løftet i tro og lid,
han var nær ved en bønn til Gud.
Da var det som ordet frøs på hans munn;
han stirret, han tok ikke feil, –
gjennom skodden, som lettet i samme stund,
han så en korvett i Hesnessund
at duve for bakkede seil.

16.
Båten var røpet; der lød et signal,
og det nærmeste løp var lukt;
men solgangsvinden blafrende skral, –
mot vester gikk Terjes flukt.
Da firte de jollen fra rælingens kant,
han hørte matrosenes sang, – –
med føttene stemte mot sjektens spant
han rodde så sjøen fosset og brant,
og blodet fra neglene sprang.

15.
Die Insel war nah, noch kurze Zeit
hielt er wohl aus im Pott!
Sein Herz sich erhob, nun war es nicht weit,
er wandte sich dankbar an Gott.
Da fror ihm aber das Wort im Mund,
er starrte und wurde gewahr;
Im weichenden Nebel vom Hesnes-Sund,
eine Korvette dümpelt in dieser Stund
backbrassend als höchste Gefahr!

16.
Das Boot war entdeckt, sie gaben Signal,
und gesperrt war die nächste Bucht.
Doch die Morgenbrise wehte nur schal –
westwärts ging Terjes Flucht.
Eine Jolle sie fierten vom Relingsrand,
er hörte Matrosen-Gesang.
Die Füße gestemmt gegen das Spant
er ruderte mit dem leben als Pfand,
bis das Blut von den Nägeln sprang.

15.
Near home at last; a wretched time
he'd weathered with strength unflawed!
In hope and in trust his spirits climb,
he was ready to thank his Lord.
That instant the phrases froze on his lip;
he stared but his sighting was true, –
he could see, as the mist had relaxed its grip,
in Hesnes-sound lay an English ship
with canvas a-back and hove-to.

16.
The boat was sighted; a challenge was heard,
and the handiest route was barred;
the dawn-breeze flickered and barely stirred –
so Terje went westwards, hard.
They lowered the jolly boat over the side
he heard how the sailor men sang, – –
he pressed on the ribs with his feet braced wide,
he rowed till the waters seethed to the stride,
and blood from his fingernails sprang.

Helene Knoop
"Terje Vigen"

...Da var det som ordet frøs på hans munn;

...Da fror ihm aber das Wort im Mund,

...That instant the phrases froze on his lip;

17.
Gjeslingen kaldes de blinde skjær
litt østenfor Homborg-sund.
Der bryter det stygt i pålandsvær,
under to fot vann er der bunn.
Der sprøyter det hvitt, der glitrer det gult,
selv stilleste havblikksdag; –
men går en dønning aldri så hult,
innenfor er det som tidest smult,
med brekkende bølgedrag.

17.
Gjeslingen heißen die Schären blind,
etwas östlich von Homborg-Sund.
Dort bricht es gar schwer bei frischem Wind,
unter zwei Fuß Wasser ist Grund.
Dort spritzt es weiß, glitzert die Gischt
selbst an meeresstillem Tag.
Doch wenn die Dünung noch so zischt,
hinter den Schären sie schnell erlischt
nach gebrochenem Wellenschlag.

18.
Dit inn Terje Vigens sjekte for
lik en pil mellom brått og brand;
men bag etter ham, i kjølvannets spor,
jog jollen med femten mann.
Da var det han skrek gjennom brenningens sus
til Gud i sin høyeste nød:
"innerst der inne på strandens grus
sitter min viv ved det fattige hus,
og venter med barnet på brød!"

18.
Darein das Boot Terje Vigens fuhr
Wie ein Pfeil zwischen Brechern es rann.
Doch ihm nach in des Kielwassers Spur
Schoß die Jolle mit fünfzehn Mann.
Da schrie Terje laut aus der Brandung Braus
zu Gott in der höchsten Not;
‹‹Am Strand dort drüben schmachtet in Graus
mein teures Weib im ärmlichen Haus
mit dem Kind- und wartet auf Brot››

17.
Gjesling's the shoal with hidden top
just east of the Hombor sound.
An onshore wind makes an ugly chop,
and but two feet under, there's ground.
Its spray foaming white, its spray flashing gold
the deadest of calms won't soothe; –
but heavy swells, run they never so bold,
shatter and break and lose their hold;
inshore it is most times smooth.

18.
Inshore Terje Vigen's dory sped
like an arrow, through surf and spray;
but there on his track, by wake-waters led,
the jolly boat held its way.
'Twas then that he cried through the thunderous roar
to God in the depths of his dread;
'there on the most innermost beach a-shore
watches my wife at our pitiful door
and waits with our baby for bread!'

Helene Knoop
"Anna"

19.
Dog, høyere skrek nok de femten, end han:
som ved Lyngør, så gikk det her.
Lykken er med den engelske mann
på rov mellom Norges skjær.
Da Terje tørnet mod båens topp,
da skuret og jollen på grunn;
fra stavnen bød offiseren "stopp!"
Han hevet en åre med bladet opp
og hugg den i sjektens bunn.

20.
Spant og planker for hugget brast,
sjøen stod inn som en foss;
på to fot vann sank den dyre last,
dog sank ikke Terjes tross.
Han slo seg gjennom de væpnede menn
og sprang over esingen ut, –
han dukket og svømte og dukket igjen;
men jollen kom los; hvor han vendte seg hen
klang sabler og rifleskudd.

19.
Doch lauter schrien die Fünfzehn als er;
wie bei Lyngör, so war es auch hier:
Glück hatte wieder der Engländer, der
auf Raub war im fremden Revier.
Als Terjes Boot auf den Felsen lief,
stieß die Jolle zugleich auf das Riff.
Der Offizier ‹‹Stop!›› vom Steven rief,
hob einen Riemen und trieb ihn tief
in den Bootstrumpf mit wuchtigem Griff.

20.
Spanten und Planken krachten in Hast,
herein schloß ein Wasserschwall.
an Zwei Fuss tief sank die teure Last,
doch es brachte nicht Terje zu Fall.
Er kämpfte, es blieb ihm ja keine Wahl,
sprang über das Dollbord schnell;
tauchte und schwamm, tauchte noch einmal –
dock die Jolle kam frei, wohin er sich stahl
klangen Säbel und Flintengebell.

19.
The crew's yell, of course,
drowned the prayer one voice cried;
it was Lyngør, happening once more.
Fortune preferred the Englishman's side
who preyed upon Norway's shore.
Then Terje rammed on the shelving top,
the jolly boat grounded as well;
the English officer shouted 'stop'!
He hoisted an oarbutt and let it drop
and stove in the dory's shell.

20.
Rib was parted from shattered plank,
torrents of water gushed through;
in two feet depth all that treasure sank,
but Terje's defiance grew.
He hurled himself at the armed men
and cleared the far side with one bound, –
he dived and he swam and he dived yet again;
the jolly boat cleared; though he struggled like ten,
the sabres and muskets sound.

Pål Gulsrud
"Oppdagelsen"

21.
De fisket ham opp, han førtes ombord,
korvetten gav seiers salutt;
akter på hytten, stolt og stor,
stod sjefen, en attenårs gutt.
Hans første batalje gjaldt Terjes båt,
thi knejste* han nu så kjekk;
men Terje viste ei lengre råd, –
den sterke mann lå med bønn og gråt
i kne på korvettens dekk.

22.
Han kjøpte med tårer, de solgte ham smil,
de ågret med spott for bønn.
Det kulet fra øster, tilhavs med il
stod Englands seirende sønn.
Da taug Terje Vigen; nu var det gjort,
nu tok han sin sorg for seg selv.
Men de, som ham fanget, fant sært hvor fort
et noget var liksom vejret bort
fra hans pannes skyede hvelv.

* thi knejste = hånlig latter

21.
Man fischte ihn auf, nahm ihn an Bord,
dann gab es Salut für den Sieg.
Vor der Kajüte stand stolz wie ein Lord
der Chef, achtzehnjährig, und schwieg.
Gelungen war flott seine erste Tat,
drum trug er den Kopf so keck.
Doch Terje wußte sich keinen Rat,
der starke Mann unter Tränen bat
um Gnade, kniend auf Deck.

22.
Sie boten für Tränen nur Grinsen an
und feilschten mit Spott und Hohn.
Vor östlichem Wind in den Ozean
eilte Englands siegender Sohn.
Da verstummte Terje, gemacht ist gemacht;
behielt seinen Kummer für sich.
Doch die ihn gefangen und ausgelacht,
merkten, wie etwas verwehte sacht
und von seiner Stirn entwich.

21.
They lifted him out, and over the side,
the victory salvo rolled;
there on the poop-deck, stiff with pride,
the captain, an eighteen-year-old.
His first sea-encounter was Terje's boat,
his arrogance knew no check;
but Terje knew any help was remote, –
that strong man collapsed, with sobbing throat
to plead on his knees on deck.

22.
He offered his sorrow, they sold him their glee,
they bartered with scorn for prayer.
It blew from the east, so with speed to sea
stood England's conquering heir.
Then Terje fell silent; all hope was past,
he locked up his grief in his soul.
Yet none of his captors but marked how fast,
like warning of storm before the blast,
the clouds on his brow would roll.

Pål Guls
"Håpet"

nu tok han sin sorg for seg selv.

Behielt seinen Kummer für sich.

he locked up his grief in his soul.

23.
Han satt i "prisonen" i lange år,
der siges i fulle fem;
hans nakke bøyet seg, grått ble hans hår
om drømmene om hans hjem.
Noget han bar på, men gav ei beskjed, –
det var som hans eneste skatt.
Så kom atten hundre og fjorten med fred;
de norske fanger, og Terje med,
førtes hjem på en svensk fregatt.

24.
Hjemme ved bryggen han steg i land
med Kongens patent som los;
men få kun kjente den gråsprengte mann,
der reiste som ung matros.
Hans hus var en fremmeds; hva blev der av
de to, - han der inne erfor:
"da mannen forlot dem og ingen dem gav,
så fikk de til slutning en felles grav
av kommunen i fattigfolks jord." – –

23.
Er saß im Prison-Schiff lange Jahr'
volle fünf, so wurde gesagt.
Der Nacken gebeugt und grau sein Haar,
von Heimweh und Gram geplagt.
Verschwiegen barg er im Herzen die Zwei,
sie gaben ihm Kraft zum Trutz!
Dann war achtzehnvierzehn der Krieg vorbei;
gefangene Norweger, Terje nun frei,
kehrten heim unter schwedischem Schutz.

24.
Am trauten Steg stieg er an Land
mit dem Lotsenpatent vom Schiff.
Der ergraute Mann wurde kaum erkannt
der vor Jahren die Riemen griff.
Im Haus waren Fremde, welch' Los sich ergab
Für die Zwei das erfuhr er erst heut':
‹‹Als der Mann sie verließ, und keiner was gab,
bekamen sie bald ein gemeinsames Grab
auf dem Platz für die armen Leut'.››

23.
He languished in prison for many a day,
for all five years, say some;
his shoulders rounded, his hair it turned grey
from dreaming about his home.
Something he brooded but hid like some hoard,
his only resource, from men's view.
Then eighteen-fourteen came and with it accord;
a Swedish frigate brought home onboard
Norways's prisoners, and Terje too.

24.
Back at the jetty he came ashore,
a pilot by King's decree;
but few recalled in the greybeard they saw
the youngster who braved the sea.
His house was a stranger's; and how they fared
those two,– that was easily found:
'The husband forsook them, and nobody cared,
they came to the plot that the paupers shared
in the parish burial-ground.' –

25.
Årene gikk og han røktet sin dont
som los på den ytterste ø;
han gjorde visst intet menneske ondt,
verken på land eller sjø;
men stundom gnistret hans øyne stygt, –
når det brøt over båer og skjær, –
og da mente folk, at han var forrykt,
og da var det få, som uten frykt
kom Terje Vigen nær.

26.
En måneskinnskveld med pålandsvind
kom der liv i losenes flokk;
en engelsk yacht drev mod kysten inn
med revnet storseil og fokk.
Fra fortoppen sendte det røde flagg
et nødskrik foruten ord.
Lidt innenfor gikk der en båt over stag,
den vandt seg mot uværet slag for slag,
og losen stod staut ombord.

25.
Die Zeit verging, er stand seinen Mann
und lotste Schiffe in Lee,
Er tat keinem Menschen Böses an
weder zu Land' noch auf See.
Doch konnte sein Auge blitzen entrückt;
was bei stürmischem Wetter geschah-
dann meinten die Leute, er sei verrückt,
und keinen gab es, der nicht bedrückt
trat Terje Vigen nah.

26.
Eine mondhelle Nacht bei Aufland-Wind
Ward es lebhaft im Lotsenschock;
Eine englische Jacht trieb zur Küste geschwind,
zerschlissen Segel und Fock.
Im roten Tuch vom Vortopp lag
wortlos ein Hilfeschrei!
Doch unter Land ging ein Boot über den Stag,
wand sich im Gegenwind Schlag auf Schlag
mit dem Lotsen entschlossen dabei.

25.
Years went by, and he kept to his trade
as a pilot out there on the isle;
and never in world's wide span he made
foes by deceit or by guile.
His eyes, though, sometimes would blaze and fret,
when the reef to the breakers rang high, –
and then people sensed he was troubled yet,
and then there were few that felt no threat
with Terje Vigen by.

26.
One moonlit night, with onshore wind,
there was stir where the pilots sit;
an English yacht being carried in
with mainsail torn and jib split.
The foretop dispatched with a flag of red
its wordless appeal abroad.
Close-reached to the weather, a cutter sped,
it tacked and it tacked, but it still drew ahead
till the pilot stood firm on board.

Jon Løvaas
"Natt"

27.
Han tyktes så trygg, den gråsprengte mann;
lik en kjempe i rattet han grep; –
yachten lystret, stod atter fra land,
og båten svam (hang) etter på slep.
Lorden, med lady og barn i arm,
kom akter, han tok til sin hatt:
"jeg gjør deg så rik, som du nu er arm,
hvis frelste du bær oss av brenningens larm." –
Men losen slapp ror og ratt.

28.
Han hvitnet om kinnet, det lo om hans munn,
lik et smil, der omsider får makt.
Innover bar det, og høyt på grunn
stod lordens prektige yacht.
"Den sviktet kommando! I båtene ned!
Mylord og mylady med mig!
Den slår sig i splinter, – jeg ved beskjed –
men innenfor ligger den trygge led;
mitt kjølspor skal vise jer vei!"

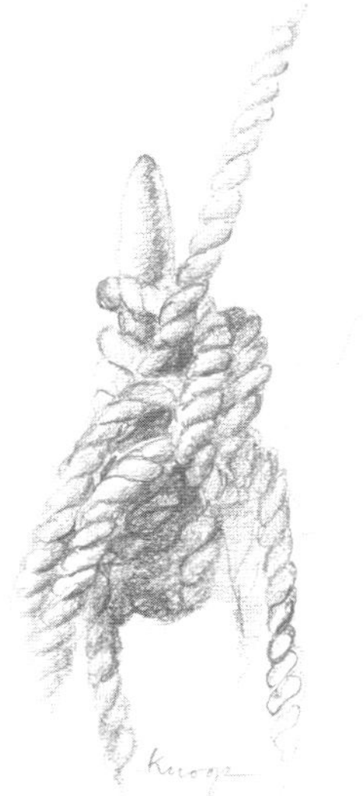

27.
Er schien so verlässlich der wackere Mann,
wie ein Hüne ins Ruder er griff.
Die Jacht gehorchte und drehte dann
mit dem Boot im Schlepptau vom Schiff.
Der Lord mit der Lady, ein Kind im Arm,
zog den Hut im Sturmgetos´.
‹‹Ich mach' dich so reich, wie du jetzt bist arm,
wenn du uns rettest aus Brandung und Harm.›› –
Da ließ Terje das Steuerrad los!

28.
Weiß im Gesicht verzog er den Mund,
ein verschmitztes Lächeln erwacht'.
Landwärts sie trieb und hoch auf Grund
stand bald die prächtige Jacht.
‹‹ Sie versagte Kommando, ins Boot hinein,
Mylord und Mylady mir nach!
Sie schlägt sich in tausend Splitter klein,
dort hinten ist aber das Fahrwasser rein,
meine Kielspur euch führt aus Gefahr››.

27.
He seemed so assured, the greybeard, so grand,
like a hero he seized on the wheel; –
the yacht responded, stood out from the land,
the pilot boat towing at heel.
The lord, with his lady and babe she bore,
uncovered his head and came aft:
'Preserve us alive from the breakers' roar
I'll make you as wealthy as wretched before.' –
The pilot let go of the craft.

28.
His cheeks, they went white, his mouth shaped a sound
like a smile that at last can break free.
The yacht was broached and ran squarely aground,
his lordship's queen of the sea.
'Abandon the ship! to the boats I say!
My lord and my lady, stay near!
We'll shiver to pieces – it's plain as day;
but there just inshore runs a sheltered way;
my wakeline will show where we steer!'

Christian Krohg

29.
Morilden brente der sjekten fløy
mot land med sin dyre last.
Akter stod losen, sterk og høy,
hans øye var vilt og hvast.
Han skottet i lè mot Gjeslingens topp,
og til luvart mot Hesnessund;
da slapp han ror og stagseil-stropp,
han svingte en åre med bladet opp
og hugg den i båtens bunn.

30.
Inn stod sjøen med skumhvit sprøyt – –
der raste på vraket en strid –;
men moderen løftet sin datter høyt
på armen, av redsel hvit.
"Anna, mitt barn!" hun skrek i sin ve;
da bevret den gråsprengte mann;
han fattet om skjøtet, drev roret i le,
og båten var fast som en fugl at se,
slik for den i brått og brand.

29.
Im Meeresleuchten das Bötchen fuhr
mit der teuren Last gegen Land.
Achter der Lotse, stark und stur,
doch so wild hat ihn niemand gekannt.
In Lee schäumte Gjeslingen, wild und bloß,
und in Luv lag Hesnes wie tot.
Da ließ er Pinne und Stagsegel los,
hieb einen Riemen mit wuchtigem Stoss
durch die Planken von seinem Boot.

30.
Das Wasser spritzte schäumend herein,
es raste ein Streit im Kreis.
Die Mutter hielt ihre Tochter klein
hoch im Arm ,vor Entsetzen weiß.
‹‹Anna, mein Kind!›› sie schrie im Weh –
da bebte der Mann, sonst so hart.
Er faßte die Schot, trieb das Ruder in Lee,
das Boot flog nun flott durch die rauhe See
und nahm in der Brandung Fahrt.

29.
Phosphorus blazed as they sped along
towards shore with the precious load.
Aft stood the pilot, tall and strong,
his eyes, they were keen, and glowed.
To leeward he glanced at Gjeslingen’s top,
and to windward at Hesnes’ swell;
he let go helm and the foresail strop,
he hoisted an oarbutt and let it drop
and stove in the cutter’s shell.

30.
Sea rushed in and a foam-white spray – –
confusion swept over the wreck –;
but pale, the mother in stark dismay
had snatched up her child from deck.
‘Anna, my child!’ She cried out in dread;
the greyhaired man started and stared;
he caught up the mainsheet, turned the boat’s head,
it steadied, and trim as a bird it sped,
through surf and through spray it fared.

Christian Krohg

C. K

Han skottet i le mot Gjeslingens topp,

In Lee schäumte Gjeslingen, wild und bloß,

To leeward he glanced at Gjeslingen's top,

Christian Krohg

31.
Den tørnet, de sank; men havet var smult
der innenfor brenningens krets;
oppover rak seg en langgrunn skjult,
der stod de i vand til knes.
Da ropte lorden: “kjenn, – båens rygg –
den svikter, – det er ingen flu!”
Men losen smilte: “nei vær De trygg;
en sunken skjekte med tre tønder bygg
er båen, som bærer oss nu.”

31.
Dann stieß es auf Grund, doch Ruhe nun war;
das kam ihnen sehr zupaß.
Sie wurden einer Seichte gewahr;
dort standen zum Knie sie im Naß.
Da rief der Lord: ‹‹Ich glaube fast
der Grund gibt nach und sich regt!››
Der Lotse lächelte: ‹‹Sei bloss gefaßt,
ein gesunkenes Boot mit Gerste als Last
ist der Boden, der uns jetzt trägt.››

32.
Der jog et minne om halvglemt dåd
lik et lyn over lordens trekk -,
han kjente matrosen, som lå med gråt
i kne på korvettens dekk!
Da skrek Terje Vigen: “alt mit du holdt
i din hånd, og du slapp det for ros.
Et øyeblikk ennu, en gjengjell er voldt – – “
da var det den engelske stormann stolt
bøyde kne for den norske los.

32.
Erinnerung an vergessene Tat
erfüllte den Lord mit Schreck.
Jetzt erkannte er den, der um Gnade bat,
kniend auf seinem Deck!
Da schrie Terje Vigen: ‹‹Mein Glück so klein
du stahlst mir für Ehre und Preis.
Einen Augenblick noch, und die Rache ist mein!››
-Da kniete der englische Edelmann fein
vor dem einfachen Lotsen, dem Greis.

31.
They grounded and sank; but calmness itself
inshore of the arc of rough seas;
under the surface a shoal of shelf,
the water but reached their knees.
The lord cried out: 'But look! look! – this reef –
it's shifting – it cannot be rock!'
The pilot smiled: 'here is no cause for grief;
a sunken dory supplies our relief,
three barley grain casks our dock!'

32.
A deed half-lost in the memory
like a lightning the lord's face swept –
he knew, now, the sailor that on his knees
had crouched on his deck and wept.
Then cried Terje Vigen 'You held my all
in your hand, it was spent on renown.
One moment longer and vengeance will fall – –'
'Twas then that the pilot, the Norseman, stood tall
while the proud English lord knelt down.

33.
Men Terje stod støttet til årens skaft,
så rank som i ungdommens år;
hans øyne brant med ubendig kraft,
for vinden flommet hans hår.
"Du seilte i mag på din store korvett,
jeg rodde min ringe båt;
jeg trellet for mine til døden trett,
du tok deres brød, og det falt deg så lett
at håne min bitre gråt.

33.
Terje gelehnt am Riemenschaft
stand so grad' wie in jungem Jahr.
Sein Auge sprühte unbändige Kraft,
im Wind wehte weiß sein Haar.
‹‹Du hattest bequem die Korvette; nein,
mir blieb nur das kleine Boot.
Fur die Meinen ich setzte das Leben ein;
du nahmst mir ihr Brot und warst so gemein
zu verhöhnen die Tränen der Not.

34.
Din rike lady er lys som en vår,
hennes hånd er som silke fin, –
min hustrus hånd den var grov og hård;
men hun var nu allikevel min.
Ditt barn har gullhår og øyne blå,
som en liten Vorherres gjest;
min datter var intet at akte på,
hun var, Gud bedre det, mager og grå,
som fattigfolks børn er flest.

34.
Die Lady ist wie ein Frühling zart,
ihre Hand wie Seide so fein.
Die Hand meiner Frau war grob und hart,
sie war aber gleichwohl mein.
Dein Kind hat Goldhaar und Augen blau
wie ein liebliches Engelskind.
Die Tochter mein trug wenig zur Schau;
sie war, Gott behüte, mager und grau,
wie arme Kinder meist sind.

33.
But Terje stayed poised with the oarshaft's length,
as straight as he'd stood years before;
his eyes, they blazed with a frenzy's strength,
the wind at his grey hair tore.
'You sailed at your ease in your mighty corvette,
I rowed in my humble boat;
I toiled for my own in my forehead's sweat,
you robbed them of bread, and could mock me yet
and over my salt griefs gloat.

34.
Your wealthy lady is bright as a Spring
and her hand is as soft as silk fine;
but my wife's hand was a calloused thing,
yet for all that she counted as mine.
Your child is golden, her eyes as blue
as a little guest of our Lord;
my daughter was nothing worth pointing to,
was thin, God help us, and sallow of hue,
what else can the poor afford?

35.
Se, det var min rikdom på denne jord,
det var alt, hva jeg kalte for mitt.
Det tyktes for meg en skatt så stor;
men det veide for deg så lidt. –
Nu er det gjengjeldelsens time slår, –
thi nu skal du friste en stund,
som vel kommer opp mot de lange år,
der bøyet min nakke og blekte mitt hår
og senket min lykke på grunn."

36.
Barnet han grep og svingte det fritt,
med den venstre om ladyens liv.
"Tilbake, mylord! Et eneste skritt, –
og det koster deg barn og viv!"
På sprang stod Britten til kamp på ny;
men armen var veg og mat; –
hans ånde brente, hans øyne var sky,
og hans hår – så kjentes ved første gry –
blev grått i den eneste natt.

35.
Sieh, das war mein Reichtum auf dieser Welt,
mehr als dies gehörte mir nicht.
Für mich war es teurer als Gut und Geld,
doch für dich war es ohne Gewicht.
Nun schlägt die Stunde der Rache gar,
du sollst büßen in dieser Stund
die langen Jahre ich einsam war;
sie beugten den Nacken und bleichten mein Haar
und senkten mein Glück auf den Grund.››

36.
Er packte da Kind, der Teufel ihn ritt,
die Linke fest um der Mutter Leib.
‹‹Zurück Mylord, ein einziger Schritt,
und es kostet dich Kind und Weib!››
Der Brite stand klar zum Kampf aufs Neu'.
doch dem Arm fehlten Stärke und Macht.
Sein Atem brannte, sein Auge war scheu,
und sein Haar, das sah man am Morgen getreu,
ward grau in der einzigen Nacht.

35.
See, those were my riches upon this earth,
it was all that I could reckon my own.
To you it appeared a trifle's worth
but it counted to me a throne. –
It's time for my vengeance to strike, beware, –
for your turn to suffer comes round
to match all the pain of long years' despair
that bowed down my shoulders and whitened my hair
and buried my joy in the ground!'

36.
Seizing the child from its mother's care
while his left grasped her waist in a vice –
'Stand back there, my lord! One step if you dare, –
and your wife and child is the price!'
It seemed that the Englishman meant to raise
new war, but his arm lacked might; –
his breath was burning, unsure was his gaze,
and his hair, – it showed in the dawn's first rays –
turned grey in that one single night.

37.
Men Terjes panne bar klarhet og fred,
hans bringe gikk fritt og stilt.
Ærbødig løftet han barnet ned,
og kysset dets hender mildt.
Han åndet, som løst fra et fengsels hvelv,
hans stemme lød rolig og jevn:
"Nu er Terje Vigen igjen seg selv.
Inntil nu gikk mitt blod som en stenet elv;
for jeg måtte – jeg måtte ha hevn!

37.
Doch den Lotsen ergriff ein seltsames Glück,
seine Brust hob frei und leicht.
Behutsam gab er das Kind zurück
und küßte die Hände erweicht.
Erlöst schien sein Sinn von dunkler Macht,
die Stimme klang ruhig und rein:
‹‹nun ist Terje Vigen wieder erwacht,
bis jetzt war mein Herz wie Stein so hart,
denn Rache, die mußte, *mußte* mal sein!

38.
De lange år i "prisonens" kvalm,
de gjorde mitt hjerte sykt.
Bak etter lå jeg som heiens halm,
og så i et brådyp stygt.
Men nu er det over; vi to er kvitt;
din skyldner for ei med svik.
Jeg gav det jeg hadde, – du tok alt mitt,
og krev, om du tror du har urett lidt,
Vår Herre, som skapte meg slik." – –

38.
Die langen Jahre im Kerker roh,
sie machten mein Herz so wund.
Nachher ich lag wie gedroschenes Stroh
Vor einem grausigen Schlund.
Nun ist es vorbei- wir zwei sind quitt;
ich ließ dich zum Schluß nicht im Stich.
Du nahmst, was ich hatte – es traf dich mit;
doch fordre vom Herrgott, wer Unrecht litt:
So, wie ich bin, erschuf Er mich!››

37.
But Terje's forehead showed peaceful and fair,
his breast moved relaxed and free.
He set the child on its feet with care
and kissed its hands solemnly.
He breathed as though freed from a prison den,
his voice calm and level to say:
'And now Terje Vigen's himself again.
Like a rocky stream flowed my blood till then;
for I had to – I had to repay!

38.
The years I spent in the prison's roar,
they bred my heart's sickliness.
And after, I lay like a heathland straw,
I peered in a foul abyss.
But now it is over; we two are quit;
your debtor's not sly or low.
I gave all I had – and you squandered it,
and ask, if you think you've been dealt unfit,
ask God, who fashioned me so.' – –

Christian Krohg

Jon Løvaas
"For livet"

Jeg gav det jeg hadde, – du tok alt mitt,

Du nahmst, was ich hatte – es traf dich mit;

I gave all I had – and you squandered it,

39.
Da dagningen lyste var hvermann frelst;
yachten lå lengst i havn.
Med nattens saga taug de nok helst,
men vidt for dog Terjes navn.
Drømmenes uværsskyer grå
feiet en stormnatt vekk;
og Terje bar atter så rank som få
den nakke, der krøktes hin dag han lå
i kne på korvettens dekk.

39.
Beim ersten Licht die Gefahr war gebannt
und die Jacht im Hafen vertäut.
Das Drama der Nacht wurde kaum genannt,
doch Terje kam unter die Leut'.
Gewitterwolken der Träume trist
fegte die Stumnacht hinweg.
Und Terje trug aufrecht nach langer Frist
den Kopf; den damals senkte im Zwist,
kniend auf feinlichem Deck.

40.
Lorden kom, og mylady med,
og mange, mange med dem;
de rystet hans hånd til farvel og Guds fred,
der de stod i hans ringe hjem.
De takket for frelsen da stormen pep,
for frelsen fra sjøgang og skjær;
men Terje strøk over barnets slep:
"nei, den som frelste, da verst det knep,
det var nok den lille der!" – –

40.
Es kamen der Lord, die Lady hell,
und viele, viele zum Hause.
Sie drückten die Hand zum Adieu und Farewell
dem Mann in der schlichten Klause.
Sie dankten für Bergung aus Sturm und Gefahr,
für Rettung vom Tode schier.
Doch Terje streichelt des Kindes Haar:
‹‹Nein, wer uns barg, als es brenzlich war,
das war wohl die Kleine *hier*!››

39.
When daylight had broken, then all was well;
long lay the yacht in the port.
The night's events they chose not to tell,
But Terje's great fame still caught.
Vanished the dreamer's clouded grey,
clear by one storm-night swept;
and Terje held straighter than most that day
the shoulders that bowed when, in deep dismay
he knelt on that deck and wept.

40.
One day milord and lady came by
and many, many folk more;
they shook him by hand, bad 'farewell' and 'goodbye'
as they stood by his humble door.
They thanked him for rescue from storm's shrill blare,
for rescue from reef and from sea;
but Terje patted the child's long hair:
'No, rescue came in the nick out there
from this little mite by me!'

Helene Knoop

"nei, den som frelste, da verst det knep,
det var nok den lille der!" – –

„Nein, wer uns barg, als es brenzlich war,
das war wohl die Kleine hier!"

'No, rescue came in the nick out there
from this little mite by me!'

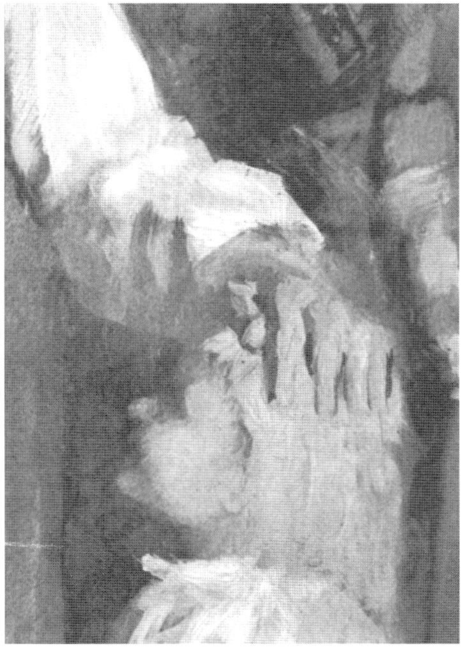

ristian Krohg

41.
Da yachten dreiet for Hesnessund,
den heiste det norske flagg.
Litt lengre vest er en skumkledd grunn, –
der gav den det glatte lag.
Da tindret en tåre i Terjes blikk;
han stirret fra heien ut:
"stort har jeg mistet, men stort jeg fikk.
Best var det, kan hende, det gikk som det gikk, –
og så får du ha'e takk da, Gud!"

42.
Slik var det jeg så ham en enkelt gang,
han lå ved bryggen med fisk.
Hans hår var hvitt, men han lo og sang
og var som en ungdom frisk.
Til pikene hadde han skæmtsomme ord,
han spøkte med byens børn,
han svingte sydvesten og sprang ombord;
så heiste han fokken, og hjem han for
i solskinn, den gamle ørn.

41.
Bald drehte die Jacht zum Hesnes-Sund,
auch Norwegens Flagge sie trug.
Westlich davon liegt ein schäumender Grund;
hier dröhnte Salut von dem Bug.
Von Terjes Auge ein Tränlein rann,
er starrte vom Fels zum Riff:
‹‹Viel ich verlor, doch viel ich gewann-
vielleicht war es gut, was das Schicksal mir spann.
Hab Dank, Gott, daß ich es begriff!››

42.
So sah ich ihn einmal beim Hafengang,
er lag an der Brücke mit Fisch.
Sein Haar war weiß, doch er lachte und sang
und war wie ein Jüngling frisch.
Die Mädchen sprach er belustigt an,
er scherzte mit Kindern klein;
schwang so den Sudwester der brave Mann,
hißte die Fock und kreuzte dann
heimwärts im Sonnenschein.

41.
The yacht headed for Hesnes sound,
with Norway's own flag for wear.
And further west, near a foam-washed ground,
it fired a broadside there.
Then teardrops glistened in Terje's eyes;
he watched from the rising shores;
'Great are my losses, but great my prize.
Perhaps it was all for the best, in some wise, –
so thanks, God, are rightly yours!'

42.
And such was the man on that only day
I saw him with fish by the quay.
His hair was white, but he sang as gay
and blithe as a boy might be.
The lasses he used a light banter towards,
he joined in the town-lads' talk:
he waved his sou'wester and leaped aboard,
then homeward he sailed with the jib set broad
in sunshine, the agèd hawk.

Christian Krohg

Hans hår var hvitt, men han lo og sang...

Sein Haar war weiß, doch er lachte und sang...

His hair was white, but he sang as gay...

hristian Krohg

43.
Ved Fjære kirke jeg så en grav,
den lå på en værhår plett;
den var ikke skjøttet, var sunken og lav,
men bar dog sitt sorte brett.
Der stod "Thærie Wiighen" med hvitmalt skrift,
samt året, han hvile fant. –
Han lagdes for sobrann og vindenes vift,
og derfor blev gresset så stritt og stivt,
men med ville blomster iblant.

43.
Bei Fjære Kirche ein Grab ich sah
auf einer windigen Stätt'.
Es war nicht gepflegt, lag gesunken da,
trug aber sein schwarzes Brett.
Dort *Thærie Wiighen* geschrieben stand,
und wann sie ihn legten hier,
gebettet vor Böen und Sonnenbrand.
Drum wurde das Gras so steif im Sand
-doch mit wilden Blumen als Zier.

43.
In Fjære churchyard I saw a plot,
that lay in a weathered sward;
it looked all neglected, a mean sunken spot,
but kept still its blackened board.
It read ‘Thærie Wiighen’ in white, the date
his final repose had been.
He lay to the sun and the winds’ keen weight,
and that’s why the grass was so stubborn-straight,
but with wild field-flowers between.

Christian Krohg

Helene Knoop

Helene Knoop ble født i Oslo, i 1979. Hun har tidligere vært elev av blant annet Odd Nerdrum og karakteriserer seg selv som Kitsch maler.

-"Jeg maler fordi jeg har en lyst og et behov å fortelle om menneskers gleder og tragedier. Gjennom maleriet har jeg muligheten til å gå i dybden, både i håndverket og menneskesinnet. Maleriet er et tidløst medium som kan uttrykke det mest sanselige ved mennesket; hud, øyne, munn. Gjennom tidkrevende håndverk prøver jeg å skape verk der tilskueren kan gjenkjenne seg i individet. Uten ironi, men med empati for det ensomme individet velger jeg sentimentale motiver. Historien om *Terje Vigen* omgir seg med rammer som danner en kilde for mange gode motiver, som la grunnlaget for at dette var et prosjekt som jeg syns det var spennende å involvere meg i."

Helene Knoop

Helene Knoop wurde 1979 in Oslo geboren. Sie ist ein ehemaliger Schüler von Odd Nerdrum und stellt sich selber als Kitschmaler dar.

-"Ich male weil ich Lust und Bedarf habe von den Freuden und Tragödien der Menschen zu erzählen. Durch die Malerei habe ich Möglichkeit in die Tiefe des Handwerkes und des menschlichen Sinnes zu gehen. Die Malerei ist ein zeitloses Medium daß das meist sinnliche der Menschen ausdrückt: Haut, Augen, Mund. Durch zeitforderndes Handwerk versuche ich ein Werk zu schaffen wo der Zuschauer das Individuum wieder erkennt. Ohne Ironie aber mit Einfühlung für das einsame Individuum wähle ich sentimentale Motive. Die Geschichte von *Terje Vigen* ist umgeben von Rahmen, die eine Quelle (Kilde) für viele gute Motive ist, und ist der Grund weshalb das Projekt für mich interessant und spannend war."

Helene Knoop

Helene Knoop was born in Oslo in 1979. She has been a student of Odd Nerdrum and characterizes herself as a Kitsch painter.

"I paint because I have a desire and a need to express people's joy and tragedies. Through painting I am given the opportunity to study both craftsmanship as well as the human mind. A painting is a timeless medium that can express the deepest and most intense feelings, through skin, eyes and mouth. Through time-consuming craftsmanship, I strive to create a work of art where the viewer can associate with the painting. Without irony but with empathy for the lonely individual, I often choose sentimental motives. The story about *Terje Vigen* contains many sentimental moments about a very thoughtful individual, making it a source for many interesting motives and focuses, which is why I wanted to get involved in the project."

Pål Gulsrud

Pål Gulsrud ble født i Oslo i 1954.

- "Det som åpenbart gjorde det sterkeste inntrykket på meg da jeg leste hele diktet, var den enorme viljen, slitet og håpet som diktet representerer. Verdiene i diktet er mange, men jeg valgte å feste meg ved det som var utgangspunktet for hvorfor *Terje Vigen* til slutt bestemte seg for å ro til Danmark. Billedmessig har jeg derfor valgt å fokusere på de verdiene som han la til grunne for sitt valg, de verdiene som han satte høyere enn seg selv, som igjen ble de verdiene han ble frarøvet. Noen av bildene er blitt gitt en struktur som skal skape en illusjon av en vegg, for å illustrere et skille mellom det indre og det ytre. Det indre er verdiene, hjemmet, grunnen for at han dro, det ytre blir det uforutsigbare, drømmen, håpet og virkeligheten som ventet ham. Smerten når alt håpet renner ut i det han blir oppdaget, er å ta og føle på, og det er dette jeg har ønsket å gjenskape i mine bilder."

Pål Gulsrud

Pål Gulsrud wurde 1954 in Oslo geboren.

-"Was für mich offensichtlich den stärksten Eindruck bedeutete da ich das ganze Gedicht las, war der enorme Wille, die Mühe (Anstrengung) und Hoffnung die das Gedicht repräsentiert. Die Werte sind viele aber meine Wahl fiel auf den Ausgangspunkt weshalb *Terje Vigen* zum Schluss nach Dänemark ruderte. Bildlich habe ich deshalb die Werte, die er zum Grund seiner Wahl legte, die Werte die er höher als sich selbst setzte und die dann wieder die Werte waren die ihm genommen wurden, in den Vordergrund gesetzt. Einige Bilder bekamen die Struktur die Illusion einer Wand zu schaffen, um eine Grenze zwischen dem Inneren und Äußeren zu illustrieren. Das Innere sind Werte, das Daheim, der Grund weshalb er fuhr und das Äußere ist das Unerwartete, Träume, Hoffnung und die Wirklichkeit die auf ihn wartet. Den Schmerz als er alle Hoffnung verlor, da er entdeckt wurde kann man fühlen und anfassen, das wollte ich in meinen Bildern zurückschaffen."

Pål Gulsrud

Pål Gulsrud was born in Oslo in 1954.

"What definitely made the strongest impression on me after reading the poem, was the strength of will this person must have had, and the great deed he embarked on. The values represented in this poem are many, but I decided to focus on the values that were the reason why *Terje Vigen* decided to row to Denmark – values that he so bravely placed higher than anything else in the world and was forced to sacrifice. I decided to use a texture in some of the paintings to create an illusion of a wall, in order to illustrate the difference between inner and outer feelings. His family and his home represent his inner feelings, the reason why he rowed to Denmark, whereas the dream, the hope, the unpredictability and reality of what awaited him represent his outer feelings. The pain he experiences when he realizes he has been seen is as real as it gets, and is what I want my pictures to reflect."

Jon Løvaas

Jon Løvaas ble født i Kristiansand, i Norge, i 1975, og oppvokst i Holmestrand.

- "Jeg maler ofte på treplater og velger svært sjelden figurative virkelighetsmotiver. Jeg liker å fokusere på å uttrykke indre følelser, tanker og verdier og eksperimenterer ofte med teksturer, maling og sparkel som i samspill kan gi en opplevelse av en tre-dimensjonal effekt. Da jeg skulle male et bilde som omhandlet *Terje Vigen*, ble resultatet en collage av Terje som ror, verdiene han kjempet for, og fregatten som et symbol på det faretruende og døden. Motivet ble valgt fordi det både kan representere *Terje* sine tanker i det han ror, såvel som at det fremstår som et tilbakeblikk på det som preget hans sinn som gammel mann. Ensomheten med tankene, følelsen av å være et offer for omstendighetene og bitterheten som preger Terje Vigen, tror jeg er en av de sterkeste grunnene for at vi også idag med enkelhet kan assosierer egne følelser til diktet. Da diktet representerer mange verdier og følelser, vil det også i tiden fremover, for meg, være en inspirasjonskilde for nye motiver."

Jon Løvaas

Jon Løvaas wurde in Kristiansand, Norwegen 1975 geboren und ist aufgewachsen in Holmestrand.

-"Ich male oft auf Holz und wähle sehr selten figurative Wirklichkeitsmotive. Ich fokusere auf die inneren Gefühle, Gedanken, Werte und versuche mit Textur, Farbe und Kitt die im Zusammenspiel ein Erlebnis mit 3dimensionalem Effekt geben. Als ich das Bild von *Terje Vigen* malen sollte wurde das Resultat ein Collage von *Terje* der rudert, den Werten für die er kämpft und die Fregatten als ein Symbol der Gefahr und des Todes. Das Motiv wurde gewählt weil es *Terjes* Gedanken in dem er rudert repräsentiert sowohl als auch ein Rückblick was in ihm vorging als alter Mann. Die Einsamkeit der Gedanken, das Gefühl ein Opfer der Umstände zu sein und die Bitterheit die *Terje* prägte ist einer der stärksten Gründe weshalb wir uns auch heute mit Einfachheit unsere eigenen Gefühle zum Gedicht assosieren. Da das Gedicht viele Werte und Gefühle repräsentiert will es auch in Zukunft eine Inspirationsquelle für neue Motive sein."

Jon Løvaas

Jon Løvaas was born in Kristiansand in Norway in 1975, and grew up in Holmestrand.

"I often paint on wooden surfaces and very seldom choose figurative motives. I like to focus on expressing inner feelings, thoughts and values, often working with a variety of textures, paints and fillers that combined can create a three-dimensional effect in the painting. When creating the picture for *Terje Vigen*, I decided on a collage depicting *Terje* rowing, the values he was fighting for, and the frigate, symbolizing danger and death. I chose this motive as it can both express *Terje's* own thoughts when he starts his journey, as well as the painful memory of the past that burdened him as an old man. The solitude, the loneliness, the bitterness and the feeling of being a victim of circumstances are all factors that we can relate to in the poem. As the poem represents so many values and feelings, it will for me, also in the future, be a source that can be an inspiration for new motives."

Henrik Ibsen

Terje Vigen

Produksjonen
Die Produktion
The Production

Etterord

Terje Vigen Prosjektet

Denne bokutgivelsen av *Terje Vigen* er en del av et større *Terje Vigen* prosjekt under ledelse av **Randi-Margrethe Haune** og **Kjell-Ole Haune**. Samtidig som denne boken ble til, har det også blitt arbeidet med å produsere en konsertoppsetning av *Terje Vigen*. Den norske komponisten Kjell-Ole Haune har skrevet et nytt musikkverk til diktet, som sammen med en ny innspilt film danner fundamentet for en konsertopplevelse, der hele diktet synges. Musikken er orkestrert og produsert av **Lars Bleiklie Devik**, **Henrik Killi Jensen** og **Sigve Bull**.

Film innspilling

En ny filminnspilling der deler av historien til *Terje Vigen* er litt filmet og dramatisert, ble spilt inn i Juli 2005. Det er filmprodusent **Bjørnar Fjeldvær** som har vært ansvarlig for å skape det filmatiske uttrykket. Filmen vil først og fremst fungere som et scenisk element under konsert fremføringer av verket. Regissør **Ryan McBryde** og Scenograf **Jon Løvaas** har spilt en sentral rolle i utviklingen av filmen. Sminke-ansvarlig var **Kine Alexandra Kristoffersen**. Det er **Christian Jacob Remen Horneman Wist** som spiller *Terje* som liten gutt. *Terje* som ung mann blir spilt av **Alexander Lycke**, mens den gamle *Terje* blir spilt av **Tom Bjørn Eliasen**. **Camilla Graves** spiller rollen som kona til *Terje*, og **Johanna Remen Horneman Wist** og lillesøsteren **Selma Helene Remen Horneman Wist** spiller *Terje* sin lille datter.

For mer informasjon om de medvirkende artistene og fremtidige oppføringer av *Terje Vigen*, besøk den offisielle *Terje Vigen* web-siden: *www.terjevigen.com*

CD-innspilling

En CD innspilling av musikken fremført på både norsk, tysk, og engelsk, kan kjøpes via internetsiden *www.terjevigen.com*

Nachwort

Das Terje Vigen Projekt

Diese Buchherausgabe von *Terje Vigen* ist ein Teil eines größeren *Terje Vigen* Projektes unter der Leitung von **Randi-Margrethe Haune** und **Kjell-Ole Haune**. Gleichzeitig mit diesem Buch hat man auch mit einer Konzert Inszenierung von *Terje Vigen* gearbeitet. Der norwegische Komponist Kjell-Ole Haune hat ein neues Musikwerk zum Gedicht geschrieben daß zusammen mit einem neu eingespielten Film das Fundament für ein Konzerterlebnis bildet, indem das ganze Gedicht gesungen wird. Die Musikk ist geleitet und produziert von **Lars Bleiklie Devik, Henrik Killi Jensen** und **Sigve Bull**.

Film Einspielung

Eine neue Filmeinspielung wo Teile der Geschichte von *Terje Vigen* gefilmt und dramatisiert sind wurde im Juni 2005 eingespielt. Filmproduzent **Bjørnar Fjeldvær** ist der Verantwortliche für den bildlichen Aussdruck des Filmes. Der Film soll vor allen Dingen als szenisches Element während der Konzertvorstellung dienen. Regisseur **Ryan McBryde** und Szenenverantwortlicher **Jon Løvaas** spielten eine zentrale Rolle bei der Ausführung des Filmes. Verantwotlich für das Schminken (für Make-up) war **Kine Alexandra Kristoffersen**. **Christian Jacob Remen Horneman Wist** spielt *Terje* als kleiner Junge. *Terje* als junger Mann wird von **Alexander Lycke** gespielt, während der alte *Terje* von **Tom Bjørn Eliasen** gespielt wird. **Camilla Graves** hat die Rolle von *Terjes* Frau und **Johanna Remen Horneman Wist** und ihre kleine Schwester **Selma Helene Remen Horneman Wist** spielen *Terjes* kleine Tochter.

Für mehr Informationen über die teilnehmenden Schauspieler und zukünftige Aufführungen von *Terje Vigen*, besuche unsere offizielle *Terje Vigen* web-seite: *www.terjevigen.com*

CD-Einspielung

Eine CD Einspielung der Musikk auf norwegisch, deutsch und englisch kann über unsere Internetseite *www.terjevigen.com* gekauft werden.

Afterword

The Terje Vigen Project

This new publication of *Terje Vigen* is part of a larger *Terje Vigen* project, initiated and administered by **Randi-Margrethe Haune** and **Kjell-Ole Haune**. Simultaneously with the publication of this book, a concert performance of *Terje Vigen* has been developed. Norwegian composer Kjell-Ole Haune has written new music to this poem, which together with a new film will create the basis for a concert spectacular, where the whole poem is sung. The music has been orchestrated and produced by **Lars Bleiklie Devik**, **Henrik Killi Jensen** and **Sigve Bull**.

Film recording

A new film, where parts of the story have been dramatized, was shot on location in Norway in July 2005. Film producer **Bjørnar Fjeldvær** has been responsible for creating and editing the film, which first of all will be an important part of the scenery for the stage performance. The art director **Ryan McBryde** and scenographer **Jon Løvaas** have been major contributors in the development of the project. **Kine Alexandra Kristoffersen** has been responsible for make-up. **Christian Jacob Remen Horneman Wist** plays *Terje* as a young boy, while **Alexander Lycke** is *Terje* as the courageous young man. Old *Terje* is played by **Tom Bjørn Eliasen**. *Terje's* wife is played by **Camilla Graves**, while **Johanna Remen Horneman Wist** and her baby sister **Selma Helene Remen Horneman Wist** play *Terje's* daughter.

For more information about the artists and future performances of *Terje Vigen*, please visit the official *Terje Vigen* web-site: *www.terjevigen.com*

CD recordings available

A CD recording of the music with vocals is available in all three languages: Norwegian, German and English and can be ordered on the web-site: *www.terjevigen.com*

THARi WIIG
18 7

Frøydis Geithus

Frøydis Geithus ble født i Sogndal 29. januar 1975. Allerede som 8-åring fikk hun sitt første speilrefleks kamera av sin fotointeresserte far. Frøydis har i dag sitt eget studio i Oslo.

- "Jeg har alltid vært fascinert av havet og dets luner. Da jeg fikk muligheten til å bearbeide bildene som Randi-Margrethe Haune hadde tatt, ble det naturlig for meg å prøve å hente ut noe av naturens råskap som bølgene og vinden. *Terje Vigen* er et dikt som er like ubarmhjertig og åpent som havet. Ved å fremheve kontraster og eksperimentere med røffe strukturer og dype fargetoner har målet vært å skape uttrykksfulle, spennende og interessante bilder som gjenspeiler litt av naturens og diktets ensomhet og havets mange ansikt."

Frøydis Geithus

Frøydis Geithus wurde am 29. Januar 1975 in Sogndal geboren. Schon als 8jährige bekam sie von ihrem photointeinteressiertem Vater ihre erste Spiegelkamera. Frøydis hat ihr eigenes Photo-Studio in Oslo.

-"Ich wurde schon immer verzaubert (fasziniert) vom Meer und dessen Launen. – da ich die Möglichkeit bekam Randi-Margrethes Photos zu bearbeiten war es natürlich für mich die Rohheit der Natur wie Wellen und Wind heraus zu holen. *Terje Vigen* ist ein Gedicht genau so unbarmherzig und offen wie das Meer. Mit dem Hervorheben von Gegensätzen (Kontrasten) und dem Experimentieren (Versuchen) mit rauher (grober) Struktur und tiefen (dunklen) Farbtonen, war mein Ziel ausdrucksvolle, spannende und interessante Bilder zu schaffen, die etwas von der Einsamkeit der Natur und des Dichters und die vielen Gesichter des Meeres wiedergeben."

Frøydis Geithus

Frøydis was born in Sogndal on 29 January 1975. When she turned eight, she was given her first camera by her dad. Today Frøydis runs her own photo studio in Oslo.

"I have always been fascinated by the ocean and its capriciousness. When I was given the opportunity to work with the pictures taken by Randi-Margrethe Haune, it felt natural for me to try and focus on some of the brutality of nature, like the waves and the wind. *Terje Vigen* is a poem which is as ruthless and open as the sea. By experimenting and accentuating with contrasts, rough structures and dark colours, I have strived to create pictures that are interesting and expressive. My aim has been to create photos that reflect the loneliness of both the sea and the poem, and at the same time the many hidden faces of the ocean."

Tusen Takk: **Vielen Dank:** **Thank You:**

Anne-Marie Jensen
Jeremy Northam
Familen Obermann
Stephen Weller
Tom Aarø og Parykkmakeriet ANS
Familien Remen Horneman Wist
Snefrid og Kjell Haune
"Farmor" – Kari Haune
Bjørnar Fjeldvær
Alexander Lycke
Tom Bjørn Eliasen
Camilla Graves
Ryan McBryde
Jon Løvaas
Helene Knoop
Pål Gulsrud
Frøydis Geithus
Valgerd Svarstad Haugland
Møbelverkstedet B-Wood v/Bjørn Gunnar Eliasen
Kine Alexandra Kristoffersen
Liv Eliasen
Frida Thorsen
Lars Bleiklie Devik
Henrik Killi Jensen
Sigve Bull
C.F. Wesenberg og Kolonihaven Studio
Familien Løvaas
Roger Trandem

Henriette Tepper
Morten Skancke
Familien Bøhler
O.N. Sunde
Renate og Bjørn Backe
Mary Miller
Gamlebyen i Fredrikstad
Norsk Folkemuseum, Bygdøy
NBCC – Norsk Britisk Handelskammer i London
NRK Kostymeavdelingen
Christian Radich v/ Kaptein Einar Corwin
Den Norske Ambassaden i London
Tjøme Kommune
Fornebu Boligspar og All Plan
Tommy's Hobbyutsalg, Tjøme
Norsk Sjøfartsmuseum
Vigmostad Bjørke